나의 케렌시아를 찾아 떠나는
그림책 여행

나의 케렌시아를 찾아 떠나는
그림책 여행

초판 1쇄 인쇄일 2022년 2월 15일
초판 1쇄 발행일 2022년 2월 25일

지은이 고혜림 임다솜 서성희
펴낸이 양옥매
디자인 표지혜 송다희

펴낸곳 도서출판 책과나무
출판등록 제2012-000376
주소 서울특별시 마포구 방울내로 79 이노빌딩 302호
대표전화 02.372.1537 **팩스** 02.372.1538
이메일 booknamu2007@naver.com
홈페이지 www.booknamu.com
ISBN 979-11-6752-115-6 (03180)

* 저작권법에 의해 보호를 받는 저작물이므로 저자와 출판사의 동의 없이
  내용의 일부를 인용하거나 발췌하는 것을 금합니다.
* 파손된 책은 구입처에서 교환해 드립니다.

picture book journey

나의 케렌시아를 찾아 떠나는
그림책 여행

독서치료 고혜림·임다솜 | 미술치료 서성희 지음

케렌시아 Querencia

스페인어
'피난처, 안식처'

투우 경기장에서
투우사와 마지막 결전을 앞두고
소가 잠시 쉬는 곳을 뜻하며,

최근에는
바쁜 일상에 지친 현대인들에게
나만의 휴식처를 찾는
현상으로 불리고 있다.

prologue

나의 케렌시아를 찾아 그림책을 펼치다

여행은 관광과 다르다. 관광은 '나'의 고민이 빠져 있는 재미를 찾는 과정이라 할 수 있다. 하지만 여행은 '나'의 계획된 목적이 있고 그 목적은 삶의 방향에 대해 고민하고 힌트를 얻고자 하는 것이리라.

자유여행을 한 번이라도 한 사람은 안다. 계획한 바에 따른 완벽한 여행은 없다는 것을. 여행을 하는 동안 자주 계획이 어긋나고 원하는 방향으로 나아가지 못한다. 그 이유는 나의 노력과 의지와는 다소 무관한 우연한 것들에 의해서이다.

완벽한 여행이 없듯이 완벽한 삶도 없다. 우리의 삶도 끊임없이 계획된 것들이 어긋나고 희망하는 방향으로 나아가지 못하고 그 방향은 한 번씩 안개에 가려진 듯 보이지 않는다. 그러나 삶의 계획이 어긋나고 방향을 잃더라도 매일의 소소한 행복을 느낄 수 있다면 그 삶은 아름다운 삶이라고 생각한다.

삶의 가치와 존재감에 감사함을 느끼게 할 소소한 행복은 누군가로부터 주어지는 것이 아니라 내가 만들어 가는 것이다. 이것은 나의 의지와 노력으로 가능한 일이다. 오늘 당장 서점에 들러 마음에 드는 그림책을 한 권 사서 항상 보이는 위치에 놓아 보라. 소소한 행복은 그렇게 만들어 가는 것이다. 반복된 일상에 매몰되어 매일의 작은 행복을 더 이상 미루지 말자.

당연하게 생각했던 여행을 자유롭게 하지 못하는 시대가 왔다. 자유여행을 대체할, 내 삶의 고민에 대한 힌트를 얻을 수 있는 그 무엇이 필요하다. 어렵고 복잡하게 접근하지 않는 것이면서도 여행과 같이 나의 내면을 치유해 주는 그 무엇.

비록 물리적 여행이 힘든 상황이 되었지만, 반복되는 일상을 벗어나 여행을 떠나듯이 혹은 떠나갔던 여행에서 다시 돌아올 곳을 상상해 보자. 삶 속에서 휴식과 안식을 찾고자 하는 사람들에게 이런 감정을 공감하고 함께 나누고 싶은 상상의 공간이자 시간을 이 책이 가져다줄 것이다.

삶의 소소한 행복과 더불어 때로는 그리고 어쩌면 자주, 사람들에게는 마음의 위안이 필요하다. 좋아하는 색, 좋아하는 음식, 좋아하는 향기, 또 좋아하는 음악 그리고 좋아하는 공간. 모든 것들이 우리의 힐링이 되고 안식이 될 수 있다. 그 안식에 새로운 시너지를 이 책을 통해 더하고 싶다. 그림책과 함께 또 다른 편안함을 느껴 보는 건 어떨까.

왜 우리는 그림책에 대한 편견을 가지고 있을까. 아직 그림책의 매력에 빠지지 못한 사람들 곁에 슬쩍, 이 책을 놓아 드리고 싶다. 그림책의 숨은 메시지를 전하고 싶다.

"그림책의 매력을 한 번도 안 느껴 본 사람은 있어도,
한 번만 느껴 본 사람은 없다."

그런데 대다수가 왜 그림책을 곁에 두지 않을까. 왜 '아동서'로만 바라볼까. '그림책은 쉬운 책이다. 그림책은 아동서이다.'라는 의견이 현재 우리 문화에 전반적으로 깔려 있기 때문이다. 그림책이라는 것이 유아 서적이라는 일반적인 편견을 가지고 있어서 실제 접근하기가 쉽지 않거나, 어른이 된 사람들에게 그림책이

관심사에 들어오지 않아서일지도 모른다.

그런 이유에는 우리 주변의 환경과 매체가 많은 작용을 한다. 당연한 듯 서점에 들어서도 그림책을 전시하는 공간은 마치 아이들만을 위한 공간인 듯 인테리어 되어 있고, 어쩌다 하는 그림책 광고도 아이들 맞춤형이며, 그림책의 인기에 힘입어 뮤지컬로 제작된 백희나의 《알사탕》(2017)마저도 어린이 뮤지컬이라고만 알려져 있다. 물론 예전보다 그 편견이 많이 깨지기는 하였지만 아직은 부족한 실정이다.

더구나 이제는 하나둘씩 독립서점들이 전국에 자리 잡고, 그림책 전문 서점들도 생기고 있다. 또 그림책 연구회와 같은 소모임들이 여기저기 활동하면서 어른을 위한 그림책도 많이 출판되기 시작하였지만, 아직도 그림책이 어린아이들을 위한 책이라는 대중의 편견을 완전히 깨기란 쉽지가 않다.

그러나 그림책의 부드러운 연결이 움직이고 있다. 바로 그림책의 매력이자, 그림책의 힘이다. 진정으로 그림책을 마주한 어른이라면, 그림책의 매력에서 보통 헤어 나오기 힘들다. 매력에 빠진 순간 어느덧 자신의 책장에, 공간에 한두 권씩 그림책이 놓이기 시작한 자신을 발견하게 될 것이다. 그런 사소한 변화들이 모여서, 미래의 어느 날엔 아이와 어른이 함께 그림책을 읽고 즐기는 자연스러운 문화가 형성되리라 믿는다. 그 길의 첫걸음이 다름 아닌 《나의 케렌시아를 찾아 떠나는 그림책 여행》으로부터 시작되기를 기대해 본다.

2022년 2월 22일

독서치료사 **연금술사, 사랑**

그리고 미술치료사 **혜교**

contents

prologue

나의 케렌시아를 찾아 그림책을 펼치다 ······················ 7

part 1 그림책이랑 친해지기

그림책 여행을 떠나다 ··· 20
그림책이 뭐길래 ·· 22
그림책 고르는 취미 ·· 26
여행이 되는 그림책 ·· 29
내 마음을 비춰 주는 거울 같은 그림책을 펼쳐 보다 ······ 32
미술심리치료와 그림책, 조우하다 ······························ 35

part 2 그림책이란, 미술심리치료란

그림책이란 ··· 44
그림책은 ○○이다 ··· 46
그림책의 힘, 왜 그림책이어야 하는가 ························ 64
단순한 색에서 복잡한 그림까지, 미술심리치료 ··········· 67
나의 행동과 생각의 밑바닥에는 무엇이 있을까? ········· 79
색으로 만나는 나와 너의 마음 ································· 82

part 3   그림책 더하기 미술심리치료

내 마음이 말할 때 ··· 94
행복한 미술관 ··· 98
내 안에 내가 있다 ·· 102
마음이 아플까봐 ··· 108
가시소년 ··· 114
나는요, ··· 120
연어 ·· 124
마음의 집 ·· 130
철사 코끼리 ·· 136
방긋 아기씨 ·· 142

part 4   그림책 여행 가이드

샘과 데이브가 땅을 팠어요 ························· 152
공원에서 일어난 이야기 ······························ 158
머나먼 여행 ·· 164
바다 우체부 아저씨 ····································· 170
나는 기다립니다 ·· 176
두더지의 소원 ·· 182

part 5 어른이를 위한 그림책 처방

미움 ·· *190*

아버지와 딸 ·· *191*

아름다운 실수 ·· *192*

너무 울지 말아라 ·· *193*

알사탕 ·· *194*

그림자의 섬 ··· *195*

행복한 버스 ··· *196*

가끔씩 나는 ··· *197*

슬픔을 모으는 셀레스탱 ··· *198*

언제나 네 곁에 ··· *199*

epilogue

나의 케렌시아를 찾아 떠난 여행에서 돌아오다······ *201*

querencia

나의
케렌시아를
찾아
떠나는
그림책 여행

그림책과 여행은 닮아 있다.
그림책을 보면서 힐링의 시간을 가진다.
그림책 세계관 속으로 잠시 여행을 떠나는 것과 같다

by. 연금술사

사람들은 보통 나를 잘 안다고 생각하면서 살아가거나,
혹은 내 상처를 아무렇지 않은 척 살아가고는 한다.
하지만 내면 아이는 언젠가 어떤 모습으로든 드러나기 마련이다

by. 사랑

우연한 만남이었다.
우연이 필연이 되고 어느새 삶의 일부분이 되었다.
멋진 만남은 늘 그렇게 예기치 않게 찾아오고
커다란 울림으로 나의 온 마음을 흔들고
이윽고 가득 채운다

by. 혜교

part 1

**그림책이랑
친해지기**

그림책 여행을 떠나다

여전히 그림책은 아동을 위한 책이라는 인식이 강한 것으로 보인다. '동화책'이라고 부르는 그림책의 다른 명칭이 더욱 그런 인식을 강화하는 것 같다. '동화fairy tale, 童話'라고 했을 때 '아동을 대상으로 한다'는 분명한 독자층을 전제하기 때문이다. 그림책을 처음 접했을 때 나 역시도 그렇게 느꼈으니 그림책을 아직 진정으로 접해 보지 못한 사람들에게는 더욱 그럴 것이다.

그림책은 누구나 어릴 때부터 읽어 본 적이 있는, 그림이 있는 책들을 모두 포함한다고 할 수도 있다. 하지만 그림이 있는 모든 책이 우리가 이 책에서 말하는 그림책은 아닐 수도 있다. 넓은 의미로 그림책은 글과 그림이 어우러진 책들을 모두 의미할 수 있다. 하지만 그림책의 글과 그림의 어우러짐이 단순히 글을 부연 설명하는 데 머무르거나 혹은 글과 전혀 상관없거나 심미적인 아름다움이 없는 그림으로 구성된 경우라면 이야기가 다르다. 이런 책들은 유아나 아동의 발달 과정에서 잠시 동안 필요한 일부 책들을 가리킬지도 모른다.

한 달에 서너 번씩 가까운 서점들을 투어하는 것이 일상이다. 사실 누군가 먼저 보고 좋다고 추천해 주는 그림책이 있다 하더라도 직접 가서 아이와 함께 읽어 보고 이야기를 나눠 보면서 그림책을 꼼꼼하게 살펴본다. 물론 이렇게 사들인 그림책만 이미 한 서가를 빼곡히 장식하고 있지만 그래도 여전히 그림책에 목말라 있다.

다른 서가에 가득 꽂혀 있는 인문교양서와 대중 서적들은 한두 번 읽고 나면 그 책에 대한, 말하자면 일종의 책 속으로의 여행이 끝나게 되는데 그림책은 여행이 1회로 끝나지 않는다는 데에 그 신묘함이 있는 것 같다. 마치 여행과 닮았다고 할까. 힐링이 되고, 내가 낯선 사람들(인물)이나 낯선 장면들과 만나는 그런 과정들이 여행과 비슷하다. 코로나 이전과 달리 여행이 자유롭지 못한 지금, 더더욱 그림책이 소중하다고 느껴진다.

그림책이 뭐길래

아이와 함께 부모도 성장한다는 말이 있다. 그림책은 아이의 성장과 함께 그 시기별로 다른 얼굴과 다른 목소리를 하고 찾아왔다. 다다 히로시 작가의 《사과가 쿵》(2006)은 다양한 장정과 오디오북 등으로 출판된 유아서적계의 베스트셀러로 알려져 있다. 이 책은 소리에 관심을 가지면서도 아직 말문을 트지 못한 아이들에게 반복해서 읽어 주면서 동작을 함께할 수 있는 책이다. 아마 아이를 키우는 부모라면 아이들이 유독 몇몇 책에 대해서 수십 번 읽어 줘도 또 읽어 달라고 했던 경험이 있을 것이다.

시중에 좋다고 추천하는 동화책과 발달 시기별 맞춤 전집 책들을 들여다보기도 했다. 하지만 언제 읽어도 똑같은 깊이와 무게감으로 다가오는 책이 있는데, 이런 책은 아이와 읽어 봐도 항상 끌리는 매력을 가지고 있었다. 이야기가 계속 뇌리에 남아 있고 또 그 이야기 흐름이 기억하기 너무 좋아서, 혹은 그림의 잔상이 아름답게 남아 있어서 등등 이유는 많았다. 하지만 나중에 생각해 보면 무엇보다도 이 책들이 특별했던 건 아이의 마음이 책을 통해 언뜻언뜻 비치고 있었기 때문이었다.

최근 도서 판매량을 정확히 따져 추산해 보지는 않았지만 그 어떤 장르나 분야의 문학 작품들보다도 그림책처럼 전례 없는 인기를 구가하고 있는 분야를 찾아보기 힘들 정도다. 마음을 비추어 주는 그림책의 기능과 치유적 역할 덕분인지 갈수록 그림책에 대한 수요도 많아지고 점차 그 대상 연령도 아동에만 국한되지는 않는 것 같다. 그중에서도 내가 가장 좋아하는 그림책들은 백희나 작가의 그림책들이다. 작가가 마침내 그림책계의 노벨문학상으로 일컬어지는 아스트리드 린드그렌상을 수상했다는 소식은 마치 나의 친한 지인이 상을 받기라도 한 것처럼 기뻤다.

오랜 시간 출판업계의 관례가 되다시피 해 왔던 다소 불합리한 계약 조건 속에서 작품에 대한 제대로 된 권리를 주장하지 못했던 과거를 생각하면 항상 안타까움이 함께해 왔던 것이 사실이다. 백희나 작가의 그림책은 이후 새롭게 판권계약과 번역계약을 하며 해외로도 번역 수출되고 있다. 《이상한 엄마》, 《알사탕》, 《나는 개다》, 《구름빵》 등등 셀 수 없이 많은 작품들이 다양한 예술적 표현 방식으로 대중들과 만나 왔다.

독서프로그램에서 백희나 작가의 그림책들 가운데서도 특히

《알사탕》은 집단의 참여자들과 곧바로 내면으로의 탐색을 시작할 수 있는 효과적인 매개체가 되기도 한다. 라포 형성 단계에서부터 그림책이라는 공통의 화제와 이야깃거리가 생기기 때문에 일부러 말할 거리를 찾아서 서로를 탐색하지 않고도 고속도로를 지나가듯이 재빨리 서로의 마음에 닿을 수 있게 한다.

그림책을 볼 때 반드시 지키는 것이 있다면 어떤 것일까.

⟡ 그림책 읽기 원칙 1 ⟡
"그림에 먼저 집중할 수 있도록 낭독해서 읽어 주기"

⟡ 그림책 읽기 원칙 2 ⟡
"그림책의 두 면을 반드시 펼쳐서 감상하기"

그림책을 함께 감상하려다 보면 청소년들부터도 벌써 글자가 재빨리 눈에 먼저 들어오게 되고 글만 휘리릭 읽고 내용을 판단하려는 경향을 보인다. 어른들은 더욱 그러하다. 그래서 그림에 먼저 집중할 수 있도록 그림책 리더가 낭독해서 읽어 주는 원칙은 반드시 고수한다. 그림책의 그림은 글의 내용을 부연 설명하거나 있는 그대로 보여 주기보다는 종종 글과 소통하며 또 다른 서사를 이끌어 간다.

그림책의 제작 과정을 보게 되면 그림책은 한 면씩 열어서 감상하는 것이 아님을 알 수 있다. 그림책은 두 면을 반드시 활짝 펼쳐서 전체를 눈으로 담고, 그림을 찬찬히 보면서 내용을 들으며 감상할 때 그림책에서 기대할 수 있는 이상적인 단계로까지 나아갈 수 있다. 그림책 전문가가 아니더라도, 그림책 활동가가 아니더라도 기본적인 원칙을 지킨다면 기적적으로 좋은 효과를 낼 수 있을 것이라고 믿는다.

한국의 그림책 시장은 비약적인 성장의 시기를 맞이하고 있다. 그림책이 대체 뭐길래 하는 질문에 대한 답은 바로 이것이다. "궁금하면 좋은 그림책을 한번 무조건 감상해 보시라." 멋진 풍경과 맛있는 음식에 대해서 아무리 자세하고 멋들어진 설명을 여러 차례 듣더라도 결국은 자신이 직접 경험해 보는 것이 최선의 방법이지 않을까. 그렇기에 과감하게 주장해 본다. "직접 보고 다시 이야기합시다."

그림책 고르는 취미

그림책 투어를 가는 주말이면 가족들이 총출동한다. 처음에는 그림책을 한가득 사서 이고 지고 오는 나를 보며 아이 아빠는 그림책 잔뜩 사서 어떡할 거냐며 이제 집에서 아이도 그림책을 읽지 않는다며 의아해했다. 나는 그림책에 대해서 설명하고 설득하는 것이 아니라고 생각한다. 그래서 그냥 서점에 가서 독서치료와 상담 장면에서 짧게 읽을 수 있는 책으로 그림책이 딱 적당하여 몇 권 필요하니 고를 때 같이 보기만 해 달라고 했다.

그림책을 보고 있으면 아이도 옆에 와서 궁금해한다. 이제 훌쩍 커 버려 초등학교 고학년이 되다 보니 "그건 무슨 그림책이야?" 하고 묻는다. 엄마가 필요한데 그림책 많이 본 네가 좋은 책을 잘 고르더라, 그러니 좀 도와 달라고 했다. 그렇게 고르기 시작하면 중고서점에서도 좋은 그림책이 한 수레 금방 담긴다. 그러면 그림책들을 선별해야 한다. 그러다 보니 다시 온 가족이 함께 한 권 한 권 자신이 고른 책을 읽게 된다. "이 책은 다 읽고 나면 그냥 남는 게 없어." 혹은 "이 책은 뭔가 계속 생각하게 돼.", "이 책은 괜찮아서 보니까 전에 그 작가 책이었어.", "느낌이 좋은 책이야." 등등 생생하고 직접적인 반응을 바로 피드백받을 수 있었다. 아니나 다를까 이제는 아이의 아빠가 더 적극적이다. "이 책은 무슨무슨 상 받았다는데? 봐봐, 앞에 이렇게 금딱지가 있잖아. 내용도 좋던데 이거 괜찮은 책 아닌가?" 하며 함께 이야기하게 되었다. 우리 가족이 든든한 그림책 동반자들이 된 것이다.

사실 쇼핑을 그다지 즐기지도 않고 집을 꾸미는 데도 취미가 별로 없다 보니 무언가를 사기 위해서 긴 시간을 투자하는 것에 큰 흥미를 가지지 못하던 나였다. 하지만 서점에 머무르는 시간은 갈수록 길어져 갔다. 처음에는 한 시간 정도 눈여겨봐 온 그림책 리스트를 가지고 가서 말 그대로 광산에 광물 캐듯이 그림책을 수색하며 찾았다.

이제는 좋은 책을 찾겠다는 마음과 눈 하나로 서점에 들어선다. 천장까지 족히 4-5미터는 될 듯한 서점의 서가를 보면서 정해둔 책들을 찾겠다는 생각보다 오늘 또 아직까지 아무에게도 발굴되지 않은 좋은 그림책이 어딘가 숨어서 기다리고 있겠다는 기대감에 두근거린다. 그렇게 두세 시간도 금세 지나가고, 결국 서점을 나올 때는 또 한 수레 가득 발굴된 좋은 그림책들과 함께 나오게 된다.

아무리 중고 그림책이라도 그림책은 컬러 삽화가 항상 같이 있기 때문에 가격들이 만만찮게 투자된다. 말하자면, 취미 아닌 취미인 셈이다. 하지만 그림책에 투자하는 시간과 금액은 그것으로 매몰되는 가치가 아니라 또다시 재생산되는 가치라고 생각한다. 그래서 그 어떤 다른 취미보다 의미 있다고 생각한다. 돈을 투자해서 외모를 치장하고 외양을 꾸미는 것보다 든든한 마음 한 자락, 건강한 심리 상태를 다듬는 데 투자하는 시간과 금액이라고 생각하기 때문이다.

여행이 되는 그림책

벌써 3년 전, 코로나 직전 해에 유럽으로 여행을 다녀왔다. 사실 7년을 벼르고 별러 온 여행이었다. 기간도 한 달 남짓 예정으로 어머니와 아들과 함께 떠났다. 여행을 통해서 우리는 치유, 힐링의 시간을 가진다. 여행이 아무리 힘들고 짜증나는 순간이 있고 답답한 시간들이 있더라도 또 그만큼 마음의 여유로 대할 수 있다. 그것은 영구적인 것이 아니기 때문에 가능하다. 내가 있던 곳에서 하던 일에서 잠시 떠나오는 것이라서 현실의 내 시계는 멈춤을 경험한다. 여행지에서의 시계는 따로 흐른다. 여행지에서는 만나는 이들도, 모든 장면과 상황도 낯설다.

그림책과 여행은 닮아 있다. 그림책을 보면서 힐링의 시간을 가진다. 그림책을 보고 그 세계관 속에서 잠시 여행을 떠나는 것과 같다. 현실의 시계는 잠시 멈추고 책 속의 시계는 흘러간다. 책을 덮는 순간 다시 현실로 언제든 돌아올 수 있기 때문에 스토리를 따라가다 만나는 고난과 역경은 잠시 거리를 두고 바라볼 수 있다. 상황과 장면이 모두 낯설지만 이 모든 것들은 영속적인 것이 아니다.

여행도 그렇지만 그림책을 읽고 나서도 우리는 다시 현실로 돌아올 수 있다는 안정감을 가지고 있다. 다른 심리적인 치유 과정에서도 나를 바로 세우고 치유의 과정을 경험한 다음 다시 '온전한 나'에게로 돌아오는 프로세스가 꼭 들어가 있다. 책은 이 모든 과정을 인위적으로 하는 것이 아니라 아주 자연스럽게 포함하고 있다.

본격적으로 지난 몇 년간 그림책으로 사람들과 소통했다. 가장 최근에는 도서관 한 곳에서 안도현 작가의 《연어》(1998)와 고희영 작가, 에바 알머슨 그림의 《엄마는 해녀입니다》(2017)를 함께 읽고 많은 이야기를 나눴다. 50대부터 70대의 연령에 이르는 분들과 함께 손자, 손녀들에게 읽어 줄 것만 같은 그림책을 직접 들려주며 그림을 함께 보고 자신의 이야기를 나누었던 시간이었다.

《연어》는 연어의 일생을 안도현 작가의 아름다움 채색수묵화 같은 그림체와 연어의 생동감 넘치는 모습을 그대로 담아내어 장면 장면이 한 폭의 완전한 그림 작품과 같은 책이다. 글 역시 깊이가 있다. 6년 전 마을공동체에서 이 책을 처음 접했을 때 참여한 아이 엄마들은 눈물을 흘렸다. 그리고 이 책은 아이들만을 위한 책이 아니라는 것을 느꼈다. 자녀를 떠올리며 눈물지은 사람들도 있었고, 자기 삶의 무게를 견디는 것이 힘들다는 토로를 하며 공감대를 이루었다.

에바 알머슨은 꽤 알려진 화가로, 국내에서도 여러 차례 작품 전시를 하며 인지도를 높여 왔다. 2020년 봄 부산에서의 전시 이후 그해 부산은행과 협약하여 은행에서 제공한 달력과 통장에 에바 알머슨의 그림을 삽화로 전격 도입하기도 했다. 고희영 작가와 에바 알머슨 화가는 제주도를 인연으로 서로 알게 되었다. 《엄마는 해녀입니다》는 바로 그런 그들의 인연을 모은 그림책이다.

위의 두 그림책은 '사람들 마음속으로의 여행'이라는 또 다른 여행 공간으로 우리를 이끈다. 여러 그림책 프로그램들의 치유 과정이 '여정' 혹은 '여행'이라는 키워드를 표방하고 있듯이, 마음속을 살펴보는 일련의 과정은 여행과도 유사한 점을 지닌다. 그림책과 함께하는 여행의 특징은 다음과 같다.

첫 번째는 일상의 익숙한 공간을 떠나는 여행처럼, 그림책을 통해 우리가 평소에 돌보지 않고 자칫 간과하고 넘어갈 수 있는 마음속 공간을 향해 떠나는 것이다. 두 번째, 그림책을 통한 여행 역시 시간을 투자하는 과정을 통해 어행 이전과 여행 이후의 심리 상태에 일정한 변화가 생긴다는 것이다. 세 번째는 아무래도 여행이라는 것이 가져다주는 긍정적인 결과물에 대한 기대와 모든 여정이 끝나면 더 나은 미래를 꿈꿔 볼 수 있다는 점일 것이다. 여행과 이토록 닮은 그림책 세상이 궁금하다면 지금, 망설이지 말고 그림책과 함께하면 좋겠다.

내 마음을 비춰 주는
거울 같은 그림책을 펼쳐 보다

성인이 되면서 나와 크게 만날 일이 없는 단어라고 생각했다. 그런 내가 그림책을 처음 접했을 때의 느낌은 다름 아닌 '나를 들켰다'였다. 처음의 경험은 우연한 결과였다. 나중에 심리 공부를 하고 나서야 알게 되었지만, 나는 꽤 오랜 기간 가족에 대한 마음으로 상처받은 내면 아이였다. 자랑스러운 딸이 되어 주지 못한 부채감, 성공으로 보답하지 못한 미안함이 늘 존재했다.

그냥 우연히 책을 선물하려고 서점에 갔고, 그림책 한 권이 눈에 들어왔다. 채인선의 《딸은 좋다》(2006)라는 책이었다. 서점에서 책을 읽다가 선물하기도 전에 책에다 눈물을 쏟았다. 스스로 놀랄 정도로 내 마음이 한 권의 그림책에 고스란히 담겨 있었다.

하지만 이는 얼마 지나지 않아 곧 사라졌다. 언제 그랬냐는 듯 나는 똑같은 일상을 살고 있었고, 여전히 사랑받고자 노력했고,

가족들에게 자랑스러운 딸이 되고자 안간힘을 썼다. 그러나 그 기회는 결코 쉽게 다가오지 않았다.

그리고 대학원 시절 이영식 교수님의 그림책 수업을 듣던 중 나는 그림책과 특별히 마주하게 된다. 이혜란의《우리 가족입니다》(2009)라는 책이었다. 그림책에는 치매에 걸린 할머니로 인해 가족들이 힘들어하던 중 어느 날 사라진 할머니를 찾아 아버지가 할머니를 업고 오는 장면이 있었다. 나는 그 장면에서 그만 눈물을 펑펑 쏟고 말았다.

어린 시절 그렇게 좋아했던 할머니였다. 사춘기 시절, 공부해야 하는 그 시기에 할머니는 나를 걱정하시며 늘 내가 보일 때마다 "자라, 몸 상해. 얼른 자."라고만 말씀하셨다. 하지만 나는 그 순간들이 귀찮았고, 초기 치매를 앓으시던 할머니가 마냥 불편했다. 하루는 할머니께서 집에서 사라지셨고 집안이 발칵 뒤집혔다. 다행스럽게도 경찰의 도움으로 겨우 되찾은 할머니를 아버지가 업고 오셨다. 그 모습이 마지막이었다. 할머니의 병세는 급격히 나빠져, 임종을 보지 못한 채 할머니를 보내 드렸다.

그림책을 보는 순간 그때의 나와 마주한 것이다. 이렇게만 얘기하면 '그림책 무서운 거구나!', '내 트라우마도 그림책에서 발견되는 것 아냐?'라는 생각을 할 수도 있을 것이다. 하지만 그림책 치료 수업을 통해, 나는 저 바닥에 쭈그리고 꼭꼭 숨어 있던 상처받은 내면 아이와 만날 수 있었고, 그 아이와 손을 잡고 소통하여 밝은 세상으로 나올 수 있었다.

사람들은 보통 나를 잘 안다고 생각하면서 살아가거나, 혹은 내 상처를 아무렇지 않은 척 살아가곤 한다. 하지만 이는 곧 언젠가 어떤 형태로든 드러나기 마련인 법이다. 심리서는 어렵고 심리 센터 방문은 두려운 사람들에게, 혹은 내 일상은 온전하다고 생각하는 사람들에게 그림책의 매력을 알려 주고 싶다. 그래서 그림책에 존재하는 진짜 나와 만나고, 그림책을 통해 일상을 변화시키는 그런 힘을 알려 주고 싶다.

원인을 모르는 병명에서 어디가 아픈지 아는 병으로 변화하고, 그 치유 방법에 대해서 노력하다 보면 그 과정에서 하루하루 성장하는 나와 만날 수 있을 것이다. 그런 그림책과 지금부터 조금 가까운 사이가 되어 보는 건 어떨까.

미술심리치료와 그림책, 조우하다

교직 생활을 하면서 소통이라는 단어는 나의 큰 과제였다. 아이들과 진심으로 소통하는 교사가 되고 싶었다. 나름 여러 가지 방법으로 아이들과 마음을 다해 만나는 사이가 되려고 다양한 연구와 시도를 많이 했다. 공부 스트레스에 지쳐 있는 아이들에게 학교라는 공간이 되도록 편안한 곳이길 바랐다. 나와 만나는 아이들이 수업하는 1시간 동안만이라도 맘껏 웃고 즐거운 시간이 되었음 하는 이상을 갖고 있었고, 나의 교직 생활은 어떻게 하면 즐겁게 수업을 할 수 있을까 하는 고민과 늘 함께했다.

다양한 놀이, 활동 수업을 하면서 아이들이 즐거워하고 함께 협력하는 모습, 소통하는 모습을 보면서 더 욕심이 났다. 아이들과 진심으로 소통하고 싶었고, 특히 마음이 아픈 아이들이 어떻게 하면 조금이라도 치유될 수 있을지 고민하고 그 방법에 대해

목말라 있었다. 아이들의 아픈 마음이 후회할 행동으로 드러나기 전에 미리 마음을 어루만져 주고 자신을 사랑할 수 있는 방법을 가르쳐 주고 싶었다. 함께 그 마음을 다독여 주고 '괜찮다'라고 얘기해 주고 싶었다.

하지만 그런 방법을 찾기는 어려웠고 내가 하는 방법들은 효과가 크지 않았다. 힘들어하는 아이들이 몇 회의 상담으로 일시적으로 좋아지는 듯했지만 시간이 지나면 다시 제자리로 돌아갔다. 특히 해가 거듭될수록 교직 현장은 과도한 업무로 인해 아이들과 상담하거나 대화하는 시간이 턱없이 부족한 상황이 되어 갔다.

몇 년 전 근무하던 학교는 선생님들이 선호하지 않는 흔히 말하는 기피忌避 학교였다. 교직 경력 30년이 넘는 베테랑 선생님도 힘들어하셨고 병가를 내고 학교를 휴직하는 선생님들이 늘어났다. 그동안 나의 노하우라고 생각했던 다양한 방법을 시도했지만 일시적 나의 위로일 뿐이었고 아이들의 행동도 학교와 교실의 상황도 그대로였다. 경력 20년이 다 되어 갔지만 어느새 지쳐 가고 있었다. 나름 다양한 아이들을 만나고 방황하는 아이들도 많이 만나서 내공이 있다고 자부했는데, 나는 점점 문제 상황을 회피하게 되었다. 아이들의 힘든 상황과 마주치고 싶지 않았고 마음도 많이 지쳐 있었다.

고민과 갈등의 시간을 보내고 있을 무렵, 평소 관심을 가지고 있던 미술심리치료를 배울 기회가 찾아왔다. 망설임 없이 공부를 시작했다. 미술심리치료 수업은 나의 갈증을 씻어 줄 한 모금의 시원한 냉수 같았다. 퇴근하고 지친 발걸음으로 매주 정해진 요일 저녁 3시간, 미술심리치료 수업을 받았다. 피곤하여 더 이상 말 한마디 하기 힘든 날에도 결석하지 않고 성실하게 수업에 참여했다. 힘든 나를 수업으로 이끌고 갈 수 있었던 에너지는 아이들과 진심으로 소통할 수 있는 방법이 보이기 시작했고, 나의 오랜 고민을 해결할 수 있는 길이 보였기 때문이었다.

미술심리치료 활동을 통해 아이들은 자신이 꽁꽁 감추고 있던 상처받는 마음을 그림을 통해 표현해 주었고, 말로 표현하지 않은 자신의 마음을 알아주는 나에게 마음의 문을 조금씩 열기 시작했다. 자신의 이야기를 하기 시작했고 지금 현재 자신의 힘든 상황에 대해 이야기하기도 했다.

상처받은 마음이 거친 행동으로 드러나기 전에 나에게 와서 도움을 요청하는 아이들도 있었다. 겉으로 드러나는 행동과 달리 자신의 상처를 살펴 주고 진심을 알아준 아이들은 나를 바라보는 눈빛이 예전과 달라져 있었다. 아이들의 작지만 놀라운 변화에 감동받았고 미술심리치료의 효과에 감탄하였다. 이 모든 변화는 지금도 현재 진행형이다.

미술심리치료에 깊이 빠져 있을 때, 우연한 기회가 닿아 그림책 활용 동아리 수업을 신청하게 되었다. 외부 강사님께서 학교로 찾아오셔서 동아리에 참여한 아이들과 수업을 하였다. 처음에는 특별한 기대 없이 수업에 참여하였다. 지금까지 살아오면서 그림책에 대해 특별히 관심을 가져 본 적도 없었고 여느 사람들처럼 그림책은 유아서적이라는 생각을 하고 있었다. 또한 '청소년에게 그림책으로 하는 수업이 효과가 있을까?' 하는 의문을 갖고 있었다.

내가 갖고 있던 그림책에 대한 단편적인 생각은 '어린 시절 읽었던 그림과 글이 있는 책' 그리고 '자녀들에게 읽어 주는 교훈이 담겨 있는 책' 정도였다. 특별히 좋아하는 그림책도 없었고 이름을 알고 있는 그림책 작가도 없었다. 그림책을 그저 '그림+책'으로만 생각했다. 하지만 그림책 수업을 함께 참여하면서 그림책에 대한 나의 모든 생각, 편견은 바뀌었다.

권자경의 《가시소년》(2012)이라는 그림책을 처음 만난 날을 잊지 못한다. 그 어떤 저명한 작가의 심리 서적을 읽은 것보다 더 큰 울림이 있었다. 그 어떤 뛰어난 상담가가 이렇게 조용히 그러나 강하게 깊은 공감을 통한 위로를 해 줄 수 있을까. 누구나 마음속에 가시를 품고 살고 있다고, 나만 상처투성이가 아니라는 공감과 위로. 가시를 키워 가는 것도 무디게 하고 없애는 것도 나의 의지로 가능하다는 것을 그림과 짧은 글로 얘기해 주고 있었다.

마음이 아픈 아이에게 《가시소년》을 조용히 건네주면 아이의 아픈 상처는 치유되고 따뜻한 위로를 받을 수 있을 것이다. 학생

들뿐만 아니라 상처받은 선생님들에게도 건네주고 무언의 위로를 해 주고 싶었다. 어떤 대화를 하지 않아도 그림책을 보는 것만으로도 상처가 치유되는 것이다. 그림책은 미술심리치료와는 또 다른 마력이 있다. 짧은 시간, 짧은 이야기와 몇 컷의 그림을 보는 과정에서 나의 마음을 들키고 상처는 도려내지고 아픈 마음이 치료되며 따뜻한 공감과 위로를 받는다. 마음을 울리는 그림책은 짧은 시간에 엄청난 효과가 있는 특효약과 같다.

그림책 세상은 정말 신세계와 같았다. 마음을 움직이고 위로해 주는 그림책을 찾기만 한다면 그 활용도는 무궁무진하다. 불과 몇 년 전만 해도 전혀 관심 없던 그림책이었는데 지금은 그림책만 보면 눈빛이 반짝인다. 멋진 그림책 작가의 그림책은 출판된 모든 책을 구입하는 취미가 생겼다.

좋은 그림책을 만나면 책상 위에 며칠을 올려 두고 보면서 힐링하는 습관이 생겼다. 혼자 읽기 아까워 동료 교사 책상 위에 슬쩍 올려 두기도 하고 심각한 표정을 하고 있는 아이가 있으면 손에 쥐어 주기도 한다. 누군가에게 선물할 일이 있으면 망설이지 않고 마음을 울리는 그림책을 선물한다.

백희나의 《알사탕》은 수업 시간 및 학급 운영에 사용하는 단골 그림책이다. 학교 일과에서 아침 자습시간은 20분이다. 간단히 전달 사항을 전하고, 어중간하게 남은 시간은 아이들과 어떤 활동을 하기엔 부족한 시간이다. 그림책의 매력 중 하나는 바로, 시간적 제약이 적다는 것이다. 10분 정도만 있으면 그림책 한 권은 충분히 읽을 수 있다.

나는 그림책을 아침 자습시간에 아이들과 한 권씩 읽는다. 특히 《알사탕》을 읽는 날이면 사탕을 준비하여 '소원을 들어주는 사탕'이라고 말하고 소원을 말하는 친구들에게 사탕을 주는 작은 이벤트를 한다. 아이들은 그림책의 따뜻한 위로와 사탕의 달콤함을 동시에 느끼는 기분 좋은 하루를 시작하는 것이다.

그림책은 "연결"이다. 나와 나,
그리고 사람과 사람을 연결해 준다

part 2

그림책이란,
미술심리치료란

그림책이란

 어린 시절에 누구나 한 번은 읽어 보았지만, 그것에 대해 깊게 생각해 보지 않은 사람들에게 질문을 던져 보고자 한다. '그림책이란 무엇일까?' 어쩌면 한 3초간 고민이 될지도 모른다. 그러다 "유아들을 위한 책?", "아이들을 위한 책?", "그림 많은 책?"이라고 보편적인 대답을 하게 될 것이다. 이때 빠지지 않는 생각 중의 하나가 바로 아이들을 위한 책이라는 것이다. 하지만 그림책의 정의를 살펴보면 그 어디에서도 유아들을 위한 책으로 한정해 두지 않는다.
 그림책의 정의는 대상과 상관없이 직관적이고 단순하다. 있는 그대로 글과 그림이 함께 제시되면서, 그림이 적어도 펼쳐진 면에 하나 이상 있는 책을 그림책이라고 한다. 여기에 일반적인 책들과 달리 또 하나 특별한 정의가 있다. 그림책은 책의 양면을 펼

쳤을 때 글과 그림이 하나로 들어오는 페이지를 한 페이지로 간주하여, 보통 16페이지 전후의 책을 그림책이라고 가리킨다. 그랬을 때 그림책은 시각적 이미지와 언어 텍스트가 유기적으로 결합하여 글과 그림이 서로 보완되기도 하고 상반되기도 하면서 제3의 의미를 만들어 내는 매체인 것이다.

일반 독자에게 그림책은 무한한 상상력을 발휘하여 이야기를 만들어 가는 독립적인 예술 장르의 매체로도 정의한다. 그래서 어른, 아이 할 것 없이 누구에게나 무한한 이야기 속의 세계로 떠나게 해 주는 책인 것이다.

혹시 주변에 그림책이 있는 곳이 있다면 그림책을 찾아보기를 권한다. 그렇게 책의 맨 앞장과 뒷장이 하나의 면이 되도록 하여 그림책이 무엇인지 책의 세계로, 이야기 속 세상으로 한번 산책하듯 여행을 떠나 보면 좋을 것 같다.

그림책은 ○○이다

그림책에 대해 단순히 '유아 도서? 아이들이 읽는 책? 혹은 아이들이 읽어야 하는 책?'이라고 생각한다면 '그림책은 그냥 애들이 읽는 책인데 왜 저러는 거야. 너무 오버하는 거 아냐?'라고 생각할 수도 있을 듯하다.

나는 그림책을 너무도 당연한 말이지만 어른들에게도 필요한 책이라고 생각한다. 아니면 도리어 나는 '어른이를 위한 책이랄까?'라고까지 말할 수 있겠다. 스스로 '어른'이라고 생각하는 '어른이'에게 "그림책이 건네주는 새로운 연결"이라는 경험을 꼭 선물해 주고 싶다.

그림책은 "연결"이다. 나와 나, 그리고 사람과 사람을 연결해 준다. 글과 그림을 연결해 주고, 지금 책을 읽는 나와 과거의 내 기억과도 연결해 준다. 그래서 그림책이 실제 내담자와의 상담시 그 어떤 매개물보다 효과적이라는 것도 알게 되었다.

시간이 좀 더 흘러 그림책을 수업하면서 그림책이 단순하게 상담 과정에서 사람과 사람만을 연결해 주는 것이 아니라 세대와 세대를 연결해 주기도 하고, 나와 내 아이를 연결해 주기도 하고, 교사와 학생을 연결해 주기도 하고, 나와 세상을 연결해 주는 '소통'의 창이 될 수도 있다는 것을 경험하였다.

나의 작은 소통 세계에서 조금 더 많은 사람들이 그림책은 아이만을 위한 책이 아닌 어른에게도 필요한 책이라는 것을 알았으면 좋겠다. 좀 더 많은 사람들이 그림책을 다시 바라보고, 더 성숙한 나와 마주할 시간을 갖게 연결해 주는 책이라는 것을 알아차렸으면 하는 것이 나의 바람이다.

일상의 여행

건강한 삶을 사는 사람에게는 그들만의 루틴이 있다. 하루에 한 번 하늘 보기, 하루에 한 번 명언 읽기, 하루에 세 번 이상 물 마시기, 하루에 한 번 운동하기, 한 달에 한 번 나만을 위한 시간 가지기, 좋아하는 공연 보기, 새로운 운동 시작하기, 더 길게 보면 일 년에 한 번 여행 가기 등등 다양한 루틴으로 자신의 삶을 건강하게 살아가고자 노력하고, 스스로 다독이면서 살아간다.

그들의 삶을 자세히 보면 꾸준하게 사는 삶 속에서 소소한 일탈들이 있다. 때로는 그 일탈이 달콤하기도 하고, 편안하기도 하고, 자극적이기도 하다. 일상에 주는 변화가 다시 반복되는 삶을 더 열심히 살아가게 하는 원동력이 되는 것이다.

그 답답한 일상에 힐링이 필요할 때, 그림책을 제대로 마주하고 한 권 읽어 보길 권한다. 앞에서도 이야기했지만 그림책의 내용과는 별개로 백희나 작가의 《알사탕》에서는 따스한 가을을 만나 보고, 앤서니 브라운의 《터널》(2018)에서는 여름날 숲의 시원함을, 아라이 료지의 《오늘은 하늘에 둥근 달》(2020)에서는 밤하늘의 매력에 빠져 보는 시간도 색다름을 선사해 주리라 믿는다.

일반 서적과 또 다른 그림체의 낯섦이 주는 매력과 실제 여행이나 영상이 전해 주는 실제와는 또 다른 세계의 시간, 그 상상의 시간은 그동안 내가 다닌 여행과는 또 다른 여행이 되어, 나를 만나고, 내 가족을 만나고, 내 과거를 만나고, 내 미래를 경험하는 시간이 되리라 생각된다. 그래서 그림책의 특별함에 깊이 스며들어 보도록 하자. 마치 여행을 떠나듯 새로운 세계와 만나게 될 것이다.

그림 읽기

그림을 읽어야 할까? 글을 읽어야 할까? 당연한 말이지만 그림책은 둘 다 읽어야 한다. 그림책은 단순하게 읽는 순서의 문제가 있는 것은 아니다. 나는 그림책을 제 3의 눈으로 글과 그림을 서로 연결하면서 읽어야 한다고 생각한다. 그럼 본격적으로 이야기를 나누어 보기 전에 간단하게 그림책의 정의를 살펴보도록 하자. 그림책은 각 그림책의 종류에 따라서 글과 그림이 그림책을 이어 주거나, 중복되거나, 채워 주는 역할을 한다고 이야기한다.

우선 니꼴라예바NiKolajeva & 스콧Scott(《그림책을 보는 눈》, 마루벌, 2011)의 정의에 따르면, 대응 그림책은 글과 그림이 서로 중복되는 두 개의 서사로 이루어진 것이고, 보완 그림책은 글과 그림이 서로의 빈자리를 채워 주는 것이다. 또한 확장 또는 강화 그림책은 그림의 서사는 글의 서사를 지지하는 존재이고 글의 서사는 그림의 서사에 의존하는 책이다. 대위법 그림책은 글과 그림이 상호 의존하는 두 개의 서사가 이어지는 것이며, 병행 그림책은 글이 있든 없든 간에, 두 개 이상의 서사가 독립적으로 진행하는 책이다.

이처럼 그림책은 어떤 그림책이냐에 따라서 그림과 글이 서로 이어지기도 하고 채워지기도 하고, 의존하기도 하지만 결국은 하나의 결론으로 맺어진다. 글과 그림을 모두 읽어야 한다는 것이다. 두 메시지가 서로 이어져 있다는 것, 서로 주고받으며 노래를 합주하고 있다는 것을 이해하고, 그 호흡을 동시에 느낄 수 있는 제3의 눈으로 읽어야 한다는 것이다.

글과 그림이 서로 소통하면서 이야기를 나누고 있다는 것을 느끼며 그림책을 읽게 되는 순간, 여러분은 새로운 경험을 하게 될 것이다. 기존의 책 읽기에서 벗어나 새로운 세계에 진입하여, 마치 눈앞의 이야기가 3D처럼 펼쳐지는 그런 색다른 경험이 펼쳐질 것이다.

그렇지만 아직도 '그럼 그냥 보면 되나? 그래서 그림이 뭐 어떻다고?' 하는 생각을 하게 될지도 모른다. 실제로 그림책을 어른들에게 주면 그림을 흘리듯이 보고, 열심히 글만 읽고 다 읽었다고 책장을 넘기는 사람들이 대다수이다. 그림책에서 그림은 무엇을 말하고 있는지, 어떤 이야기를 품고 있는지 '그림 읽기'에 관한 이야기를 지금부터 나눠 보기로 하자.

우선 그림책의 그림 조형 요소는 기본적으로 선, 색, 모양과 형태로 이루어져 있다. 선은 작가가 선정한 재료와 재질에 따라서 선의 유형이 달라지는 편이며, 기본적으로 선은 등장인물의 다양한 감정과 심리 상태를 표현하는 데 효과적으로 사용된다. 그래서 선은 개별 작가의 작품 체계에서 각각 다양하게 사용되며, 그때마다 고유한 의미 체계를 만들어 가기도 한다. 그림의 기본이 되는 선 역시도 작가가 말하고자 하는 감정선과 이야기가 담겨 있는 것이다.

존 버닝햄의 《마법 침대》(2017)란 그림책에서 연필 선만이 가진 독특한 작가의 개성을 한번 느껴 보도록 하자. 재치 있는 터치감의 선을 따라가다 보면, 존 버닝햄이 전하고자 하는 색다른 이야기의 매력에 빠지게 될 것이다.

또는 숀 탠의 《빨간 나무》(2002)에서 계속 등장하는 나선형의 곡선이 무엇을 상징하는지 살펴보면 절망 속에서도 기다림의 끈을 놓지 않는 주인공의 마음을 따라가며 그림을 읽을 수 있을 것이다.

다음으로 색은 그림 읽기에서 우리가 가장 쉽게 이해할 수 있고, 한눈에 인지할 수 있는 특성이다. 어느 영화나 드라마에서와 마찬가지로 그림책에서 그림의 색은 그림의 전반적인 분위기를 만들어 낸다. 색의 결합이나 대조를 이용하여 서로 상반되는 분

위기를 구성하기도 하고, 명도와 채도의 조절을 통해서 그림의 전반적인 분위기를 만들어 내기도 한다. 또한 등장인물의 기분에 따라서 그림의 색채가 달라지기도 하고, 등장인물과 사물들과의 관계를 보여 주는 데에도 색채를 효과적으로 사용한다.

  이런 효과가 그림책에 잘 사용된 대표적인 작가가 바로 앤서니 브라운이다. 《공원에서 일어난 이야기》(2016)의 경우 똑같은 시간, 똑같은 공간 안에서 일어나는 4명의 이야기가 담긴 서사 구조이다. 4명의 인물 상태와 심리 상태에 따라서 표현되고 있는 색감이 어떻게 다른지 그 차이를 파악해 가면서 그림책을 읽어 보면 아마도 4명의 감정 읽기만으로도 책 읽는 재미가 쏠쏠할 듯하

다. 특히나 같은 장면에서 각기 다른 인물의 심리가 어떠한 색채로 표현되어 있는지 그 묘미를 느끼면서 그림 읽기를 해 보도록 하자.

이수지의《동물원》(2017) 역시도 이러한 색 대비로 유채색과 무채색의 입장에서 동물의 시선과 인간의 시선에서 동물원을 바라볼 수 있다. 그 시선과 색감의 차이도 한번 따라가 보도록 하자. 우리에게 많은 생각과 감정을 전달해 줄 것이다.

그림에는 중심이 되는 모양과 형태가 있다. 보통 일반적인 상황에서는 같은 의미로 사용되지만 그림책에서 모양은 보통 평면적인 것에, 그리고 형태는 입체적인 것에 더 많이 사용된다. 모양과 형태 역시 등장인물을 표현하고 사물을 드러내기 위해서 사용되지만, 이를 통해서 대상의 경계와 배경을 구분하기도 한다. 혹은 모양과 형태를 통해서 등장인물의 심리를 대신 표현해 주기도 한다.

　권자경의 《가시소년》에서 금이 간 선인장의 모습이 걸린 액자를 통해 뒷모습만 보이는 등장인물의 심리를 대신 표현한 모양과 형태를 찾아가며 그림책을 읽어 보거나, 앤서니 브라운의 《돼지책》(2016)에서 점점 돼지화되어 가는 가족들의 형태와 모양에서 등장인물의 심리를 알 수 있게 된다. 《돼지책》 속 엄마의 시선에서 가족들이 어떻게 느껴지는지 그 변화해 가는 형태를 파악하며

책을 읽어 보면 그림책을 또 색다르게 바라볼 수 있을 것이다.

그림책의 그림 읽기에서 또 다른 중요한 것이 바로 조형의 원리다. 조형의 원리는 어떤 그림이나 조형물을 보더라도 살펴보게 되는 원리이다. 건축물을 볼 때 전체적인 조화가 어떻게 이루어져 있는지 살펴보게 되고, 옷을 입을 때도 역시 마찬가지다. 그런 원리가 그림책에도 숨어 있다. 그림책 조형의 원리에는 다시 균형감과 움직임, 조화와 통일의 원리가 존재한다.

균형감은 그림의 요소들이 잘 배치되어 그림책이 안정감 있게 보일 때 보통 나타난다. 균형감을 잡을 때 대상의 양쪽 면이 같은 '대칭'의 원리를 사용할 수도 있고, 일부러 대상의 양쪽 면을 다르게 하여 균형감을 느끼게 하는 '비대칭'의 원리를 사용할 수도 있고, 꽃잎과 같이 중심의 대상을 에워싸고 있는 모양의 디자인과 같은 '방사형 균형'으로 구분할 수도 있다.

이때 우리는 그림 작가가 어떤 균형을 그림에 담아내고자 했는지, 그런 균형감을 통해서 어떤 이야기를 하고 싶은 것인지 찾아가며 텍스트를 읽어 나가면 되는 것이다. 그랬을 때 '아, 이런 이야기를 하고 싶어서 대칭의 원리를 사용했구나. 그게 그림으로 표현되었구나!'라는 마음으로 그림책을 읽어 나가면 우리는 그림 읽기에 성공한 것이고, 이것이 바로 그림책을 바라보는 제3의 눈을 가지게 되는 것이다.

움직임도 마찬가지이다. 그림은 사실 2차원으로 정지되어 있지만 우리는 얼마든지 그림책에서 그림 속 인물들이나 사물들이 움직이는 것을 느낄 수 있다. 그런 움직임이 느껴지도록 그림 작가가 표현해 놓았기 때문이다. 그래서 대상이나 요소들이 규칙적 또는 불규칙적인 동작을 반복하거나 연속 그림으로 그리면 우리는 그 속에서 움직임을 연상할 수 있다.

움직임의 미학을 느끼면서 서현의 《눈물바다》(2009)를 읽어 보도록 하자. 눈물이 모여서 바다를 이루어 가는 장면, 그리고 바다에서 헤엄치는 주인공 주변 인물들의 역동적인 모습들이 눈앞에서 살아 움직이는 것을 느낄 수 있을 것이다. 그때 왜 그런 움직임을 표현했는지, 주인공은 어떤 마음을 가지고 있는지 생각하며

텍스트를 읽어 나가면 더욱 효과적일 듯하다.

마지막으로 조화와 통일을 살펴보면서 그림책의 전반적인 그림 읽기를 경험해 보도록 하자. 통일감은 결국 그림 요소 간에 조화나 일치가 존재하는 것을 의미한다. 아무리 일관성 없어 보이는 그림일지라도 그림 작가는 전반적인 그림책 안에서 조화와 통일을 생각하면서 그림책을 만들어 갔을 것이다. 우리는 이를 역으로 추적하면서 어떤 그림들이 이어져서 하나의 통일성을 이루었는지 찾아 그림 읽기를 해 보면 어느 정도 그림 읽기에 성공했다고 할 수 있다.

그렇다면 조화와 통일을 고려한 그림은 그림책 어느 부분에 존재할까? 위, 아래, 양옆, 한 면 전체, 어디에든 존재할 수 있다. 화가가 그림을 그냥 그리지 않듯이, 그림 작가 역시 그림을 어디다 배치할지, 이야기의 서사와 어떻게 어울릴지 생각하면서 자리에 둔다. 보통 일반적으로 왼쪽에서 오른쪽으로 글을 읽는 문화권의 경우에는 왼쪽에는 이미 알고 있는 정보를 담고 있고, 오른쪽에는 새로운 정보를 언급해 주고 있다.

또한 책의 윗부분에는 이상적인 것을 많이 배치하지만, 책의 아랫부분에는 현실적인 것, 실제적인 것을 많이 배치한다. 그래서 과거와 현재의 모습을 다루고 나를 찾아가는 이야기를 하고 있는 요시타케 신스케의 《이게 정말 나일까?》(2015)에서도 장면

마다 다양하게 사용한 그림 배치의 매력을 같이 따라가며 엿볼 수 있다.

구성 읽기

이제 기본적인 그림 읽기에 관한 내용을 숙지하였다면 조금만 더 깊이 있게 들어가 그림책의 전체 구성을 한번 보도록 하자. 그림책이지만 우리는 그 그림 속에서 전체 구성 속에 짜임새 있는 기본적인 영상의 요소들을 찾아볼 수 있다.

그 첫 번째 예가 그림책 속에 존재하는 프레임이다. 프레임의 정확한 정의는 만화의 한 토막으로 영화에서는 필름 한 장을 가리킨다. 그림책에서는 하나의 장면과 구성 틀을 의미하는 것으로, 프레임의 공간 구성은 그림책 서사 전개에 영향을 미칠 수 있다. 프레임에는 외곽 프레임과 내곽 프레임이 존재하는데 내부 프레임의 경우 그림 텍스트 안에서 프레임 역할을 하는 창문이나 문, 그리고 거울과 같은 사물을 의미한다.

또한 프레임이 있느냐 없느냐에 따라서 독자의 반응이 달라질 수 있는데, 프레임이 있으면 등장인물과 독자가 거리를 두게 되고, 프레임이 없으면 이 거리가 사라져서 더 쉽게 인물에 감정이입이 가능해진다. 그리고 프레임을 어떻게 구성하느냐에 따라 특별한 의미 효과도 만들어 낼 수 있다.

이혜란 작가의 《뒷집 준범이》(2011)는 이런 프레임의 변화로 재미있게 이야기를 구성하고 있다. 네모난 프레임이 점점 커지고 넓어지는 것이 나중에 뒷집에 사는 준범이가 집 안의 창문을 점점 열면서 주변을 구경하는 모습이라는 것을 알아차리면 준범이에게 감정이입하고, 준범이의 시선에서 그림책을 읽어 나갈 수 있을 것이다. 그리고 조금 더 집중해서 읽다 보면 프레임에서 벗어난 준범이와 아이들이 어떻게 소통하고 있는지 금방 느낄 수 있을 것이다. 준범이와 함께 프레임의 맛에 빠져 그림책을 읽어 보자.

　영화에서 '프레이밍'이란 화면의 구도와 구성을 정하는 것을 말한다. 다양한 앵글이 바로 프레이밍과 관련이 있다. 그림책도 전반적인 화면 구성을 이루면서 그림책 안의 서사 이야기를 전개하기도 한다. 그랬을 때 프레이밍은 보통 위에서 바라보는 것과 아래에서 올려다보는 것 등을 활용하는데, 등장인물의 시선의 높낮이나 등장인물이 프레임 안에 있느냐 없느냐에 따라서 프레이밍을 달리 사용할 수 있다. 줌인이나 줌아웃의 렌즈 거리 조절 방식도 프레이밍에 속한다고 볼 수 있다.
　신선한 프레이밍 기법이 드러난 그림책이 바로 정진호 작가의 《위를 봐요》(2014)이다. 위에서 아래를 내려다보는 구조로 교통

　사고로 다리를 다친 아이가 위에서 아래 거리의 사람들을 바라보는 시선에서 표현된 그림책이다.

　주인공인 아이가 위에서 아래 거리를 바라보고, 또 아래 거리에서 위의 아이가 어떤 모습일지, 어떤 표정일지 상상해 나가는 구성으로 이루어져 있다. 마지막에 위에서 하염없이 정수리만 보이던 아이도 위를 바라봐서 표정이 드러날 때의 감동을 전반적인 프레이밍 구성으로 짜임새 있게 살펴보도록 하자.

　주인공의 시선에서 세상이 어떻게 보이는지, 그 아이를 위해서 거리의 사람들이 어떤 노력을 해 주는지 살펴보면 더욱 감동이 와 닿을 수 있을 것이다. 그러면서 하나 덧붙이자면, 우리도 가끔

길 가다 위를 바라봐 주는 것은 어떨까?

연결 짓기

언젠가 그림책 수업에서 그런 이야기를 한 적이 있다. "그림책은 연결이다!"라고. 그림책은 너무나 많은 연결의 세계를 만나게 해 준다. 기본적으로 그림책은 글과 그림이 연결되어서 상호 보완적인 관계로 서로에게 시너지를 주는 책이기도 하고, 작가와 독자를 너무나 자연스럽게 연결 짓기도 한다. 큰 어려움 없이 작가가 주는 메시지를 독자가 편안하게 이해할 수 있기 때문이다.

글과 그림에 영상과 음악을 연결 짓기도 하고, 또는 작품의 경계를 허물어서 스테파니 히드릭젠의 《콜랭의 멋진 신세계》(2003)처럼 메타 서사로 새롭게 이야기를 연결 짓기도 한다. 한편으로는 데이비드 위즈너의 《아기돼지 세 마리》(2002)처럼 패러디의 메타 서사로 작품과 또 다른 새로운 작품을 연결 짓기도 한다.

그리고 그림책으로 우리는 내면 아이를 만나 과거의 나와 접속하기도 하고, 새로운 나의 내면세계와 감정을 연결 짓기도 한다. 또 그림책은 다른 책과 달리 낭독의 힘으로 글이라는 메시지에 나의 목소리를 더할 수도 있고, 누구나 쉽고 빠르게 읽어서 마치 스낵컬처처럼 가볍게 접하고, 이야기 나눌 수 있다. 사람과 사람

을 연결하고 서로의 가치관을 연결 짓고, 생각을 함께 나눈다.

한 내담자의 경우는 이렇게 표현하기도 했다. "샘이랑 상담을 받고 나서부터는 만화책방에 가도 흥미가 안 생기고, 어디 동화책 없나, 라는 생각을 했어요. 그동안과 다른 새로운 삶을 만난 것 같아요." 그래서 나는 감히 이렇게 이야기해 본다. 그림책은 연결이라고. 그래서 이 글을 읽는 여러분들도 나와 연결되어서 우리 함께 그림책의 기적의 마법에 접속하여, 새로운 세계를 연결 지어 보았으면 한다.

그림책의 힘,
왜 그림책이어야 하는가

아직은 이 질문에 대한 대답을 정의 내리기는 어려운 것 같다. 그동안 많은 고민을 했고, 그림책을 공부하는 그리고 그림책에 관한 책을 집필하는 이 순간에도 왜 반드시 그림책이어야 하는가에 대한 대답은 너무도 어렵다. 마치 '왜 엄마 아빠가 좋은가?', '왜 여자 친구, 남자 친구가 좋은가?'와 같은 질문이랄까. 그냥 너무 좋은데, 좋은 이유가 어디 있을까.

그럼에도 불구하고 '왜' 그림책이어야 하는가. 굳이 이유를 들어 보자면, 그림책의 힘은 정해지지 않은 이야기에 있다고 생각한다. 그림책의 내용은 실제 작가가 만들어 내기는 하였지만, 그림책은 읽는 독자마다, 모두가 다르게 생각하고 느낄 수 있다. 그리고 글과 그림이 서로 호흡하는 과정에서, 혹은 내가 쉬어 가는 그림에서, 아니면 책을 읽는 그날의 감정과 기분에 따라서 우리는 저마다 새로운 해석을 하게 된다.

그게 바로 그림책의 매력이자 그림책의 힘이라고 생각한다. 날마다 누구나 새로운 해석을 할 수 있기에, 누구나 다르게 생각하고 느낄 수 있다. 그리고 그 생각과 그 감정은 온전히 자신의 것이 되기 때문이다. 그 안에서 우리는 과거를 만나기도 하고, 미래를 만나기도 하고, 가족을 만나기도 하고, 추억을 만나기도 하는 것이다.

또 그림책은 스낵컬처라고 할 수 있다. 짧은 시간에 마치 만병통치약처럼 카타르시스의 감정에 쉽게 접할 수 있기 때문이다. 그런 면에서 그림책은 투자 대비 효율성이 굉장히 뛰어난, 요즘 말로 가성비가 좋은 심리 치유 과정이 될 수 있다. 하지만 이때 그림책을 읽으면서 주의할 점이 있다. 기존에 그냥 책을 보듯이 글만 휙휙 보면서 넘기면 안 된다. 글과 함께 그림을 반드시 읽어야 한다.

글과 그림을 온전히 음미했을 때 그것이 동시에 박히면서 느끼게 될 울림의 감정과 카타르시스는 이루 말할 수가 없다. 마음으로 가는 지름길이 있는데 굳이 돌아갈 필요가 있을까. 실제 내담자와 혹은 아이와 함께 그림책을 읽어만 보아도 금세 우리는 느끼게 될 것이다. 그림책의 힘을!

그런 면에서 올리버 제퍼스의 《바다야 너도 내 거야》(2020)라는 그림책을 읽은 내담자의 말이 생각난다. 분명 내담자에게 아무 이야기 없이 자연스럽게 그림책을 건네주었을 뿐인데 "이거 제 얘기네요. 근데 바다까지는 아니더라도 산은 욕심내면 안 되나요?"라고 물어보던 내담자였다. 그렇게 자연스럽게 상담과 연결 지을 수 있었다. 이것이 그림책의 힘이다.

마지막으로 그림책을 읽으면 많은 보물들을 찾아볼 수 있다. 그림책마다 작가의 숨은 의도, 숨겨진 장치들이 마치 보물찾기처럼 곳곳에 널려 있다. 단순히 책을 읽는 재미뿐만 아니라 작가와 함께 하나의 게임을 하는 듯한 기분을 들게 한다.

최근에 웹툰과 웹소설, 그리고 짧은 영상 시장이 급격히 증가했다. 사람들이 긴 호흡의 글들보다 짧은 호흡을 선호하게 된 것이다. 그림책은 결코 긴 호흡으로 이루어지지 않았다. 요즘 대세에 편승할 조건을 이미 가지고 있다. 그런 의미에서 다시 한번 그림책의 힘과 매력을 느껴 보도록 하자.

단순한 색에서 복잡한 그림까지, 미술심리치료

자신이 선호하는 색

누군가 당신에게 이렇게 물어본다면, 어떻게 대답을 할 것인가?

"오늘 기분은 어떤 색인가요"

"오늘 어떤 색의 옷을 입었나요?"

"최근에 평소에 입지 않았던 색의 옷을 입은 적이 있나요?"

"자꾸만 예쁘게 보이는 색이 있나요?"

"다음 색상 중에서 가장 눈에 띄는 색을 골라 보세요.

당신의 대답은 노랑, 빨강, 파랑 아님 주황인가요?

회색, 하얀색일 수도 있겠네요."

삶을 살면서 유년 시절부터 어른이 된 지금까지 가장 선호하는 하나의 색이 있을 것이고 유년 시절과 달리 어른이 되어 어느 날 갑자기 좋아지는 색이 있을 것이다. 어제는 분명 파란색의 넥타이가 눈에 띄었는데 오늘 아침엔 빨간색의 넥타이가 눈에 들어올 수 있다. 몇 년 동안 무채색의 옷을 입던 동료가 어느 날 주황색 옷을 입고 왔다면 분명 그 동료는 어떤 심리의 변화가 있는 것이다. 또한 분홍색을 좋아하던 핑크 공주 딸이 파란색의 옷을 입고 싶어 하는 변화의 시기가 오기도 한다.

내가 요즘 왜 보라색이 좋은 걸까? 평소 즐겨 좋아하던 색이 아닌데? 그렇다면 분명 당신의 마음에 그리고 무의식에 변화가 생긴 것이다. 자신이 최근에 보라색을 즐겨 좋아하게 되었다면 보라색이 갖는 상징으로 치유, 힐링이 필요한 자신의 심리 상태를 드러내는 것일지도 모른다.

그림 출처: https://www.truevaluepaint.com/color-101/color-psychology

그런 변화를 일상에서 선택하는 색상으로 알 수 있는 것이 미술심리치료의 기본이라 할 수 있다. 미술심리치료는 아주 간단한 방법으로, 자신이 선호하는 색상에 따라 지금 자신과 주변 사람들의 심리 상태를 파악할 수 있다. 또한 색으로 심리를 치유할 수도 있다. 색은 간단하지만 많은 의미를 포함하고 있고, 어떤 색을 선택하느냐에 따라 많은 것을 해석할 수 있다.

기본적인 색상은 다음과 같다. 빨강, 주황, 노랑, 연두, 초록, 청록, 파랑, 남색, 보라, 자주. 이 기본 10가지 색에 무채색인 검은색과 회색, 흰색도 포함시킬 수 있다. 따뜻한 색은 자기중심적, 차가운 색은 지적인 성격이라 할 수 있다. 기분이 좋거나 좋은 일이 있을 때는 원색을 선택하며 우울하거나 기분이 좋지 않은 경우는 무채색을 선택한다.

미술심리치료는 단순한 색상의 선택으로부터 시작하여 복잡한 그림을 그리는 것까지 매우 다양하다. 그림은 나무, 집, 사람 등 유아도 그릴 수 있는 단순한 것에서부터 풍경화, 동적 가족화, 난화 등 구도를 생각해야 하는 그림까지 다양하다. 그림을 통해 심리를 진단하는 이와 같은 기법에서 사용되는 색상은 더 다양한 해석이 가능하고, 그림 속에 나타나는 특징적인 색채는 현재 상황의 정서와 거의 일치한다고 볼 수 있다.

미술심리치료의 의미

미술치료는 '예술', '미술'을 뜻하는 'Art'와 '치료', '요법'을 의미하는 'Therapy'가 결합한 것이다. 즉, 다양한 미술적 자기표현과 승화 작용을 통해 심리를 진단하고 치료하는 것이고 그것에 목적이 있다. 그림요법, 회화요법, 묘화요법 등 여러 가지 용어로 사용되고 있는 미술심리치료는 다양한 미술 활동을 통해 자신의 무의식에 내재해 있는 갈등을 알아차리고 해소하는 과정을 통해 변화와 자아 성장을 추구한다.

미술치료라는 용어는 1961년 "Bulletin of Art therapy"의 창간호에서 편집자인 울만의 논문에서 표현되었다. 울만은 적절한 표현이 없어서 미술치료라는 용어를 사용했다고 술회하면서, 미술치료는 교육·재활·정신치료 등 다양한 분야에서 널리 사용될 수 있으며, 어떤 영역에서 활용되고 있든 간에 공통된 의미는 시각예술이라는 수단을 이용하여 인격의 통합 혹은 재통합을 돕기 위한 시도라고 진술하였다.

  미술치료의 핵심은 자기 내면 또는 무의식의 미술적 표현을 통해 내재된 고통과 슬픔에 대한 카타르시스라고 생각한다. 무의식의 저장 창고에 차곡차곡 쌓아 둔 감정의 쓰레기들을 그림으로 표현하는 과정에서 자연스럽게 정화시킬 수 있다. 정화의 기능은 의식적으로 무의식적으로 이루어진다. 또한 미술 활동을 하는 동안에는 생화학적으로도 긍정적인 감정이 형성된다. 인간은 창조적인 활동을 하는 동안 뇌에서 세로토닌Serotonine(행복 호르몬) 분비를 증가시키는데, 이는 내적 안정과 평안을 찾는 명상과도 비슷한 효과를 지닌다고 할 수 있다.

  미술치료는 하나의 그림에서 출발한다. 그림을 잘 그리고 예술적 기술을 중요하게 생각하는 미술교육과는 달리, 그림을 기술적으로 잘 그리는 것은 중요하지 않다. 그림에 표현된 자신의 무의식을 알아차리는 것 그리고 현재 심리적으로 힘든 상황이라면 고통의 근원을 알아차리는 것이 매우 중요한 부분이다.

  Wedson은 미술치료의 장점을 다음과 같이 말하였다(Wedson, 1980).

- 미술은 심상의 표현이다.
- 미술은 방어가 감소한다.
- 구체적인 유형의 자료를 즉시 얻을 수 있다.
- 미술은 자료의 영속성이 있어 회상할 수 있다.
- 미술은 공간성을 지닌다.
- 미술은 창조성과 신체적 에너지를 유발한다.

미술심리치료의 장점은 유아부터 성인까지 광범위하게 누구나 대상이 될 수 있으며 개인부터 집단까지 다양하게 구성하여 진행할 수 있다는 것이다. 또한 종이와 연필(때론 색연필, 색사인펜)만 있으면 시공간의 제약을 크게 받지 않고 접근할 수 있다는 장점을 지니고 있다.

그림이라는 비언어적 도구를 이용하여 자신의 심리 상태를 직접적으로 표현하고 이는 언어적 대화의 매개체가 될 수 있다. 자신의 힘든 상황을 언어로 표현하는 것보다 나무, 빗속의 상황, 사과나무 열매 따는 사람 등으로 표현하는 것이 훨씬 편하게 접근할 수 있는 것이다. 그리고 언어로 표현할 때의 한계성을 뛰어넘어 언어로 표현되지 않는 자신의 무의식적 강점, 장점, 능력까지 그림은 보여 주기도 한다.

자신이 표현한 결과적 그림은 우선 전문가 또는 상담가의 해석(여기서 간단한 해석은 상담가의 도움을 받지 않아도 상관없다. 이 책을 통해 상징적인 의미들은 스스로 해석 가능하다)을 통해 그림 속에 표현된 자신의 무의식을 알아차리는 것이 필요하다. 미술 활동은 진단의 역할을 하는 것이므로 정도의 차이는 있지만 자신의 문제가 드러나기 마련이다. 하지만 여기서 명심해야 할 것은 자신에게 문제가 있다는 결과론적 해석보다는 힘들고 아픈 마음을 인지하고 자신의 고통을 있는 그대로 받아들이는 과정이 더 중요하다는 것이다.

그림의 분석 기준

공간의 사용

미술심리치료에 많이 쓰이는 것은 종이이고 A4용지를 주로 많이 사용한다. 용지를 어떤 방향으로 놓고 시작해도 상관은 없다. 하지만 가로로 놓느냐, 세로로 놓느냐에 따라 분석의 차이는 있다.

용지의 가로 방향
- 현재 편안한 상태, 안정, 목표 설정이 다소 낮음

용지의 세로 방향
- 욕구가 많은 상태, 노력하고 있는 상황, 불안

공간 사용 정도가 높은 것이 낮은 것보다 건강한 사람으로 해석할 수 있다. 그림을 그리는 종이의 공간을 70% 사용한 사람이 30% 사용한 사람보다 더 건강하다. 심리적으로 우울, 불안이 있거나 자존감이 다소 낮은 사람, 소극적이거나 에너지가 떨어져 있는 사람들은 극도로 공간을 제한적으로 사용한다.

그러나 종이 가득 무엇인가를 그린다고 해서 아주 건강하다고 할 수 없다. 과도하게 공간을 사용하는 경우, 조증이나 충동 통제에 문제가 있을 수도 있기 때문이다.

대상의 위치

평범한 사람들일수록 그림을 종이의 가운데에 그리고 심리적으로 대체로 편안한 상태라고 할 수 있다. 그림이 종이의 너무 아래쪽에 그려져 있다면 현재의 감정이 우울하거나 침체되어 있다고 해석할 수 있다. 또한 성향이 추상적인 것보다는 구체적이고 현실적인 경우가 많다. 반대로 그림이 종이의 윗부분에 치우쳐져 있다면 불안하거나 목표를 지나치게 높게 설정해 놓은 상황으로 해석 가능하다.

그림을 종이의 한쪽 구석에만 그리는 경우는 우울, 비관, 우유부단, 자신감 결여로 해석할 수 있다. 종이의 가장자리만 사용하여 그림을 그린 사람은 불안을 자주 느끼거나 의존적인 경우가 많으며 자기 확신이 낮다고 본다.

재료의 선택

미술심리치료에서는 다양한 재료를 이용한다. 하지만 가장 보편적인 재료는 색연필, 색사인펜, 연필, 지우개로 일상에서 쉽게 접하는 재료들이다. 그림을 그릴 때 다양한 재료가 있음에도 불구하고 자신의 친숙한 재료만을 고집한다면 환경에 대처하는 능력이 다소 제한되어 있거나 경직되어 있고, 한편으론 자기주장이 강하다고 해석한다. 반대로 새롭거나 낯선 재료를 큰 거부감 없이 사용한다면 대부분 건강한 사람이다. 또한 자신감이 있고 현재 자신감이 올라간 상태인 사람으로 해석한다.

다루기 어려운 재료보다 쉬운 재료를 선택(예: 물감보다 연필)하는 사람은 의식적 또는 무의식적으로 통제에 대한 강한 욕구를 가지고 있으며 자기 억제적 성향이 강하거나 조심성이 많은 사람으로 해석한다. 때로는 자신의 내면적 유약성幼弱性을 보상받기 위해서 통제하기 쉬운 재료를 선택하는 사람도 있다.

유동적인 재료를 선택하는 사람은 자기 지배가 약하거나 우유부단한 성격으로, 극단적으로는 종이가 아닌 다른 곳에 색을 칠하기도 하고 자신의 손바닥이나 몸에 그림을 그리기도 한다. 이런 경우의 사람은 과도하게 타인에 대해 복종하거나 지나친 애정 표현을 드러내기도 하고 감정이 양가적이어서 극도로 기분이 좋아지기도 하고 사소한 일에 극도로 기분이 나빠지는 경우가 많다.

미술심리치료의 필요성

사람들은 힘든 일을 겪으면 좋지 않은 생각을 하고 이는 스트레스를 받는 상황으로 이어진다. 물리적으로 무거운 것은 가라앉는데, 힘든 생각으로 인한 무거운 마음도 가라앉아 무의식에 쌓인다. 처음에는 아주 조금 쌓여 있지만 살면서 마주하는 많은 스트레스를 해소하지 않고 계속 무의식에 넣어 두면 쌓이고, 이렇게 쌓인 것들은 힘을 가진다.

내 마음속 그릇에 차곡차곡 쌓여 있는 무거운 마음은 나도 모르게 넘쳐나서 내가 감당할 수 없는 상황을 만들어 버린다. 우울감이나 불안감으로 나타나다가 어느 순간부터는 우울증, 불안증이 되어 내 일상을 마비시키는 상황까지 간다. 무의식의 무거운 마음이 내 삶을 잠식하지 않도록 하기 위해서는 무엇을 해야 할까?

그것은 '바람' 구멍을 내는 것이다. 스트레스를 받거나 상처를

받았다면 그 순간순간 힘든 감정을 털어 내야 한다. '힘들다', '속상하다'고 말해야 한다. 무의식의 저장 창고를 청소해야 한다. 그 청소라는 것은 자신의 마음의 소리에 스스로가 귀를 기울이는 것이고, 나아가 신뢰하는 대상과 대화를 통해 진정한 해소를 하는 것이다.

  무의식의 저장 창고에 무거운 마음을 쌓이게 만드는 것은 힘들 때 또는 스트레스를 받을 때 혼자 집에서 가만히 있는 것, 혼자 생각하는 것이다. 이러한 혼자 놀기는 지속적으로 저장 창고에 힘든 마음을 쌓는 방법이고 가득 차면 폭발한다. 이는 코로나블루가 생기는 이유도 짐작 가능하게 한다. 인간은 절대 혼자 살 수 없는 존재이고 힘들 땐 누군가의 도움을 절실히 필요로 한다.

내 마음의 소리에 어떻게 귀를 기울이지? 귀를 활짝 열고 들으면 들릴까? 현실적으로 귀를 기울여 들을 수 있는 현상적 소리가 아니어서 내 마음과 상대방의 마음을 알기 힘든 것이다. 나의 마음과 상대의 마음을 알 수 있는 또는 무의식의 저장 창고에 무엇이 있는지 얼마만큼 쌓여 있는지, 어떤 것들이 쌓여 있는지 알 수 있는 알사탕이 있다면 얼마나 좋을까? 그러나 현실에는 그런 알사탕은 사서 먹을 수 없다. 그렇다면 어떤 방법이 있을까?

내 마음이 어떤 증상인지 알 수 있는 의학적 진단은 많다. 그러나 의학적 진단은 나의 무의식 저장소에 무거운 것이 가득 쌓여 그것이 도저히 견딜 수 없는 상황이 되었을 때 나타나는 증상으로 알 수 있는 것이다. 이미 증상으로 나타났다면 일상이 힘든 상황이 되어 있을 것이고 몇 번의 치료보다는 장기적인 다양한 치료가 필요한 상태일 경우가 많다. 증상이 아주 약하거나 일상에 지장을 주지 않는 정도라면 내 무의식의 저장 창고에 얼마나 많은 무거운 마음들이 쌓여 있는지 알 수 있는 방법은 쉽지 않다.

나의 행동과 생각의 밑바닥에는 무엇이 있을까?

미술심리치료는 무의식을 들여다보는 하나의 도구이다. 감정이 예민한 사람들이 있다. 겉으로 보이는 모습과는 다르고 본인 스스로 모르는 경우가 많다. 참을성이 강한 한국 사람들은 나만 힘든 것이 아니라며 최대치의 인내심을 발휘해 자신의 힘듦을 꾹꾹 누르고 살아간다. 그러다 어느 순간 힘듦에 둔감해지고 스트레스 찌꺼기는 계속 쌓여만 간다.

무의식의 저장 창고에 얼마나 많은 무거운 감정이 쌓여 있는지는 어떻게 알 수 있을까? 쉽지 않다. 하지만 미술심리치료에서는 자신도 모르게 그림을 통해 무의식을 드러낸다. 아주 심각하게 자신을 방어하는 성향의 사람들이 있다면 방어기제까지도 그림에서 드러나고 해석하여 알 수 있다. 미술심리치료에서 그림으로 표현하는 모든 것에는 의미가 포함되어 있고 의식, 전의식, 무의식까지 알 수 있다.

자신의 행동과 생각의 밑바닥에는 무엇이 있을까를 끊임없이 생각해 보면 힘든 상황보다는 상황을 힘들게 받아들이는 자신이 보인다. 그러나 대부분 사람들은 자신이 힘들 때 다른 사람을 탓하고 주변 환경을 탓한다. 힘든 상황에서 '내가 문제가 많고 예민한 사람이구나.'로 결정짓는 것이 아니라 상대에 대해, 상황에 대해 비합리적 신념을 갖고 나만의 방법으로 해석하고 있는 것은 아닌지 생각해 볼 필요가 있다는 것이다.

미술심리치료는 자신이 가지고 있는 비합리적 신념이 무엇인지 그리고 이러한 상황을 어떻게 극복해 갈 수 있는지 방향을 가르쳐 준다. 보이는 행동으로 사람의 의식을 알 수 있고, 그러한 행동을 하게 만드는 마음이 무의식의 작용이다. 겉으로 드러나는 행동의 그 아래에 있는 마음을 알아줘야 한다. 자신의 마음을 표현하고 그 마음을 자신이 또는 함께하는 제3자가 알아주는 것이 미술심리치료이다.

사람들은 힘들어 무의식의 저장 창고에 무거운 감정이 쌓이게 되면 자신도 모르게 마음이 편한 대상, 즉 만만한 사람에게 자신의 감정을 거친 언어와 행동으로 드러낸다. 이러한 행동은 상대방에게 상처를 주어 힘든 상황의 악순환 고리를 만들어 버린다. 이렇듯 마음이 건강한 상태가 아닐 때 상대방을 비난한다. 우선적으로 자신의 마음이 건강해야 상대방이 자신에게 표현하는 나

쁜 감정들이 자신의 잘못이 아니라고 생각할 수 있고 받아들일 수 있게 된다. 즉, 합리적 판단을 할 수 있는 것이다.

  마음이 건강하려면 어떻게 해야 할까? 아주 간단하다. '참 힘들겠다.', '나는 지금 힘든 상태구나.' 하고 자신 또는 상대방의 감정을 공감하고 '나는 지금 힘들구나.'를 받아들이면 된다. 외롭다고 느끼는 사람이 외로운 감정에서 벗어나는 방법은 자신이 외로운 사람이라는 것을 인식하고 받아들이는 것이다.

색으로 만나는
나와 너의 마음

가족, 친구 그리고 주변의 지인들과 소통을 하고 싶다면 그들이 즐기는 또는 호감을 갖는 색을 잘 살펴보자. 옷이나 스카프, 액세서리 등을 할 때 어떤 색을 좋아하고 즐기는가를 알기만 한다면 상대방의 현재 마음, 나아가 그 사람이 어떤 사람인지를 알 수 있다.

모든 색에는 현재의 마음이 들어 있다. 화가 나거나 기분이 우울한 순간을 색으로 표현하라고 하면 많은 사람들이 검정이나 회색과 같은 무채색을 선택한다. 또한 기분이 좋거나 좋은 일이 있을 때는 밝은 원색을 선택하는 경우가 대부분이다. 오늘 자신이 어떤 색의 옷을 입고 싶은가는 자신의 마음을 보여 주는 거울이라 할 수 있다.

사람마다 좋아하는 색은 다양하고 다르다. 따뜻한 색을 즐기는 사람과 차가운 색을 즐기는 사람은 구별되는 성향을 지닌다고 볼 수 있다. 따뜻한 색은 자유로운 감정적인 행동, 따뜻한 애정적인 관계 또는 자기중심적인 태도 등의 의미로 해석된다. 따뜻한 색을 선호하는 사람은 애정에 기대며, 관계에 협동적이고 어느 순간이나 상황에서든 잘 적응하는 편이다.

한편 차가운 색을 즐기는 사람은 일반적으로 계획을 세워서 행동하고 지적인 일에 흥미를 가지지만 때론 공격적이고 이기적인 성향을 지니고 있으며 독립적인 성향을 가지고 있다. 대표적인 파란색(하늘색)과 보라색은 냉정함, 해결 중심, 머리가 움직이는 사람들이 선호하는 색으로 본다.

이처럼 선호하는 색이 사람마다 다르다. 그래서 개개인의 다름을 인정하고 상대방의 차이를 이해할 수 있어야 한다. 노란색을 좋아하는 사람과 빨간색을 좋아하는 사람이 서로 다른 색상을 좋아한다고 해서 절대 어울릴 수 없는 사이인 것이 아니라, 서로가 선호하는 색을 인정하고 존중할 때 보다 성숙한 관계 형성이 가능할 것이다.

그리고 모든 사람들은 자신이 선택하는 색의 옷, 액세서리 등을 통해 잘하고 싶다는 의지를 표현한다. 그렇다면 색이 들려주는 다양한 이야기를 알아볼까?

모든 색에는 현재의 마음이 들어 있다

먼셀의 10색 상환

색이 들려주는 이야기

빨강 ──

열정이라는 하나의 단어로 표현되는 색이다. 감정의 색이며 상태를 묻는 색이다. 대체로 따뜻한 색을 좋아하는 사람들과 비슷한 행동 경향을 보인다. 비교적 자유로이 느낀 대로 표현하고 행동하며, 일반적으로 규범이나 규칙과 같은 것에 얽매이지 않으려고 한다. 협동 능력이 뛰어나며 다양한 그룹에서 뛰어난 적응력을 보이는 행동 특징이 있다. 식구가 많은 대가족에서 성장한 사람들이 많이 선호하는 색이며 자유분방하고 매우 활발한 성향을 지닌다.

하지만 상황의 결과를 생각하지 않고 앞장서는 행동을 하기도 하며 어른들의 말을 잘 듣지 않거나, 활동적인 성향과 더불어 자기주장을 많이 내세워 친구들을 오래 사귀지 못하는 경향이 있기도 한다.

당신이 빨간색이 눈에 들어올 때는?

주황 ─

'질투의 화신'이라고 불리는 색이다. 주황색은 선호하는 사람들에게 무조건적인 칭찬을 해 줘야 한다. 인정 욕구가 매우 강한 사람들이라 할 수 있다. 특히 유아들이 주황색을 좋아하며, 이 색을 즐겨 사용하는 아이들에겐 무한한 칭찬을 해 줄 필요성이 있다. 이러한 성향은 타고난 것이기도 하지만, 하고 싶은 욕구가 강한 사람들이 대부분이다. 부모의 또는 지인의 무한한 칭찬으로 성장을 도모할 수 있는 사람들이다.

주황색하면 떠오른 꽃은 어떤 꽃인가요?

노랑 ─

노랑을 선택한 사람들은 밝은색으로 분류되며 대부분 생각이 자유롭고 자유분방하며, 밝고 명랑한 사람들이다. 지능지수가 대체로 높고 머리가 좋아 손해 보는 행동을 잘 하지 않는다. 맺고 끊음이 정확한 편이며 결단력과 의지가 강하다.

모든 문제와 생활의 중심이 자신에게 있는 자기중심적인 성향이다. 성격이 매우 냉정하고 신경이 예민하고 친구들을 사귈 때 골라서 사귀는 경향이 있다. 외부와의 접촉을 많이 하지 않으려고도 한다.

미술심리치료 과정에서 노랑을 검정과 대비해서 사용하는 경우 아버지의 부재를 살펴볼 필요가 있다.

노랑색과 함께 떠오르는 동물이 있다면?

초록, 연두 ─

가장 안정적인 색이며 사람들을 편하게 하는 색이다. 색의 특성처럼 초록을 선호하는 사람은 희생, 인내하는 성향이 있다. 주변 사람들은 편하게 해 주지만 거절도 잘 못하고 정작 자기 자신은 하고 싶은 말을 제대로 하지 못한다. 인내의 아이콘이라 할 수 있다.

허약하거나 피곤한 사람들이 졸음이 올 때, 또는 병을 앓고 난 후에 초록을 선호하기도 한다. 초록을 좋아하는 사람은 상상력이 풍부하고 노력형이다. 친구들과 잘 어울리고 사물의 판단을 잘 한다. 하지만 초록을 선호하는 사람들의 대부분이 집안 분위기가 완고한 경우가 많다.

초록색이 좋을 때는 언제?

분홍 —

가장 여성성이 강한 색이다. 20대의 여자들의 즐겨 좋아하는 색이기도 하다. 늘 연애를 꿈꾸는 사람들이고 연애에 대한 환상을 갖고 있다. 본인을 무조건적으로 사랑하는 사람과의 이상적인 연애에 대한 갈망이 강하다.

가장 좋아하는 핑크 아이템은?

파랑, 하늘 —

이성적 성향이 강한 색이다. 파랑색을 많이 쓰는 사람들은 누군가가 고민을 말하면 공감하기보다는 그 고민을 해결해 주려고 한다. 공감능력이 부족하다기보다는 이성적인 성향이 훨씬 강하여 해결 방법을 먼저 제시하려고 하기 때문에 때론 냉정하게 보일 수도 있다.

문제가 발생하면 이유를 먼저 묻고 어떻게든 문제의 해결을 원한다. 모든 일에 머리가 먼저 움직이며 현실적으로 구체적으로 정확하게 말하는 것을 지향한다. 그래서 주변 사람들로부터 냉정하다는 말을 많이 듣는다.

설명하고 느낌을 말하는 것을 싫어하고 대화의 본론부터 말하려고 한다. '왜'라는 질문을 많이 하며, 대화의 상대에게 자주 '왜'를 묻기도 한다.

바다 또는 하늘이 문득 떠오르는 날은?

보라 —

영적인 색, 신비의 색으로 과거 클레오파트라가 좋아했던 색으로 알려져 있다. 지친 마음을 치유하고 건강 회복을 위해 쓰이며, 우울증 진단 및 치유하는 색으로 쓰이기도 한다. 보라색을 좋아하는 사람은 예민하고 민감한 성향을 지니고 있으며 섬세하다. 또한 뛰어난 직관력을 지니고 있다. 이해하기 어려운 4차원적인 세계관을 지니고 있으며 자기만의 견고한 정신세계가 있다. 방어적인 면이 있어 타인을 자신이 허용한 만큼만 자신의 세계로 들어오게 한다.

미술심리치료 과정에서 보라색을 단독으로 많이 사용한 경우는 본인의 질병이나 가족의 질병과 관계가 있다고 해석할 수 있다. 또한 그림의 배경 또는 지면이 보라색으로 칠해져 있는 경우는 비사교적, 외고집, 자기중심적인 사람들이 많다. 그러나 보라색을 좋아하고 많이 쓰는 사람은 지능이 높고 응용력이 강할 뿐 아니라 치밀한 성격으로 어떤 일이든지 자신에게 주어진 일은 끝까지 잘 해낸다.

보라색 꽃을 그려 보자

검정, 회색, 흰색 ——

침묵의 색이다. '나는 말하고 싶지 않아'를 색으로 표현하면 무채색이라 할 수 있다. 자신의 내면을 보이고 싶지 않은 사람들이 좋아하고 즐겨 사용하는 색이다.

미술심리치료 과정에서 검정색을 주로 쓰는 사람은 평소에 꾸지람을 많이 듣는다고 해석할 수 있다. 지속적으로 검정색을 즐겨 사용하는 사람의 경우는 가족 또는 가까운 사람들로부터 지속적인 스트레스(일종의 '화'에 노출)를 받고 있으며 집안 또는 회사(직장)의 분위기가 어둡고 편안하지 않은 경우가 많다.

  검정색을 좋아하거나 많이 사용하는 사람은 다양한 공포 상황에서 무기력을 느껴 의욕을 상실하고 위축되어 있다고 볼 수 있다. 또한 정서적 결핍이 있다고도 할 수 있다. 반면 검정색을 선호하는 사람은 실천력이 강하고 지능지수가 높은 사람이다.

      검은색과 같은 요일은?
      회색 하늘을 보면 기분은 어떤가?

수많은 나의 모습 중에서
나는 과연 누구일까.
수채화의 물감이 퍼지듯
아롱아롱 퍼지는 색채와 함께
나의 색, 나의 마음을
바라본다

part 3

그림책 더하기
미술심리치료

내 마음이 말할 때

글 마크 패롯
그림 에바 알머슨
출판사 웅진 주니어
출판년도 2019

우리에게 친숙한 그림 작가
에바 알머슨의 그림이 담긴 그림책.
내 마음이 혼란스러울 때
정의 내려지지 않을 때
그림 전시회에 온 듯
그림책을 감상해 보면 어떨까?

어떤 색을 좋아하세요?

❶ 색종이 준비하기.

빨강, 주황, 초록, 노랑, 분홍(보라), 하늘(파랑), 검정

❷ 지금 제일 마음에 드는 색종이 선택하기.

❸ 2초~5초 안에 선택하기.

❹ 색종이가 준비되어 있지 않다면?

지금 자신의 주변에서 가장 눈에 띄거나 마음이 가는 색 선택하기. 또는 자신이 평소에 자주 입는 옷의 색을 생각해 보거나 최근 들어 구입한 다양한 소품들 색의 공통된 색을 생각해 보자.

✓ 해석 '색이 들려주는 이야기'를 참고

사랑 ——

내 마음을 내가 제일 잘 안다고 생각하는 사람들이 많다. 그런 사람들에게 이 그림책의 제목은 의아할 수도 있고, '그 쉬운 것을?' 이라고 생각할 수도 있다. 하지만 그림책을 공부하고, 심리를 공부하는 사람으로서 이야기하자면 나도 내 마음을 모를 때가 많다는 것이다. 아니면 혹 내 마음의 소리를 놓치고 있는 때가 많다. 많은 사람이 화를 내지만 화가 '화' 자체의 감정, 마음이 아니라는 것을 모르는 사람들도 많다. 그 밑에 있는 1차 감정을 들여다보지 못하고 있는 것이다. 바쁜 일상 속에서 무언가 원인을 알 수 없게 답답하거나, 두통이 찾아올 때면 가만히 마음의 소리에 귀를 기울여 보자. 내 마음이 무언가 다급하게 메시지를 전하고 있을지도 모르겠다.

혜교 ——

갑자기 툭 튀어나오는 재채기는 아무리 애를 써도 숨길 수 없다. 그럼 과연 자신의 속마음은 숨길 수 있을까? 마음의 문을 닫고 꽁꽁 숨긴 채 또 다른 페르소나로 어쩌면 여러 개의 가면을 쓰고 살아가는 사람들이 많다. 때론 어떤 모습이 진짜 나의 모습인지도 모른 채, 자신의 마음을 돌보지 못한 채 갑자기 내린 소나기 피하듯 재촉하며 살아가는 당신. 마음의 상처가 켜켜이 쌓여 얼굴빛으로 드러나기 전에 한마디의 말로 표현하는 건 어떨까? 사랑한다고, 부끄럽다고, 화가 난다고, 싫다고, 무섭다고, 그립다고. 그래서 위로해 줄 누군가 또는 위로의 시간이 필요하다고 말이다.

연금술사 ─
사람들은 간혹 "내 마음 나도 몰라."라는 표현을 쓴다. 내 것인데도 잘 이해되지 않고 명확하고 뚜렷하게 알 수 없는 그것이 어쩌면 마음일지도 모른다. 다만 이런 마음들을 언어화하여서 혹은 언어화하기 어려울 땐 색채로 표현할 수 있다면 어떨까. 에바 알머슨은 원색의 색채를 아주 아름답게 사용하는 화가이자 그림책 작가이다.
그녀의 전시회에서도 알록달록한 원화들을 통해서 마음이 따뜻해지는 느낌, 얼어붙도록 차가운 마음의 느낌, 두려움과 공포의 느낌을 느끼고 체험했다. 그녀는 그림책에서 내 마음이 말하는 소리에 귀를 기울이게 하고 시각적인 색채를 통해서 그 마음을 감성적으로 느낄 수 있도록 표현했다. 나도 모르는 내 마음을 그림책을 통해서 살펴볼 수 있게 되는 것이다. 일상에서 자주 느끼는 감정들, 그리고 모호한 마음을 그림과 함께 어우러진 글을 보면서 다시 한번 되돌아볼 수 있다.

행복한 미술관

글 앤서니 브라운
그림 앤서니 브라운
출판사 웅진 닷컴
출판년도 2008

앤서니 브라운만의 매력
'도형 그림 그리기'
어린 시절 아빠와의 실제 경험을
담은 따뜻한 자전적 이야기.
우리도 제약 없는 행복한 미술관의 세계로 빠져 보자.
그림책을 감상하고 몇 년마다 열리는
앤서니 브라운 그림전을 감상해 보는 것도 하나의 Tip!

자신을 그림으로 표현해 보아요

❶ A4 용지 준비하기.

❷ 자신을 그림(이미지)으로 표현해 보자.

- 자기 내러티브 narrative

- 동물, 식물, 사물, 색상, 계절 등으로 표현하기

❸ 재료 : 연필, 색연필, 사인펜 등 마음에 드는 재료를 무엇이든 사용 가능

❹ '나는 ○○○이다. 왜냐하면 ○○○이기 때문이다.'라는 문장을 생각하면서 그리기.

❺ 그림을 완성하면 자신을 표현하는 문장을 그림에 적어 보기.

✓ Tip 매일 그림일기를 써 보자.
      * 그림이 부담스럽다면 스티커 일기 추천!

연금술사 —

사람들에게 언어가 있기 전부터 선사 시대 동굴 벽에는 그림이 그려져 있었다. 잘 그려야만 그림이 아니고, 반드시 정해진 방식으로 그려야만 그림인 것은 아니다. 내 마음이 흐르는 대로, 또 내 정서가 움직이는 대로 선과 색에 따라 흘러가도록 내버려 둘 수 있는 것이 그림이고, 글이 아닌 그 어떤 형태 혹은 형태가 아님 역시 그림이 될 수 있다는 것을 앤서니 브라운의 철학을 통해서 알 수 있다. 미술도 글도 마찬가지이지만 학식이 있고 지식 수준이 높은 사람만 좋은 책을 읽을 수 있는 것은 아니다. 그림 역시 품격 있는 감상자만 드나들 수 있는 미술관이 아니라 있는 그대로의 행복을 느낄 수 있는 작품이 바로《행복한 미술관》이라고 생각한다. 문턱이 낮은 '행복한 미술관'으로 초대받고 싶다면 누구든 환영이다. 형태가 없음으로부터 무언가를 만들어 낸다는 것이 얼마나 재미있었는지 어릴 적 마음을 되새겨 볼 수도 있다.

사랑 —

그림을 잘 그리지는 못하지만, 미술관 가는 것을 좋아한다. 제대로 미술 공부를 한 것이 아니어서, 미술을 전문적인 입장에서 바라보지는 못하지만, 그렇기에 오히려 제약 없이 그림을 감상할 수 있다고 생각한다. 미술관에 가서 그림을 감상하면서 느끼는 감정, 그때의 색감, 그곳의 향기, 사소한 소재 문양까지도 온전히 나의 감상이 되고 나의 기억이 된다.

그런 점에서 《행복한 미술관》도 그런 맥락과 많이 닮아 있다. 엄마와 아빠, 아이들은 전시된 명화들을 감상하면서 이런저런 즐거운 상상도 하고, 우스운 이야기도 하고, 자신의 가족 모습과 연결 지어 보기도 한다. 이런 점이 그림의 매력과 닿아 있다고 생각한다. 어렵다고 생각하는 것을 쉽고 편하게 즐길 수 있도록 하는 것. 같이 행복하게 미술을 감상해 보는 것은 어떨까. 그리고 마구잡이 모양의 재미난 그림 그리기 놀이가 함께 구성되어, 미술치료의 효과까지 볼 수 있는 것은 또 하나의 선물을 받는 기분을 느낄 수 있을 것이다.

혜교

유년 시절에는 색연필, 크레파스, 연필로 쓱쓱 싹싹 어디에든 어떤 것이든 거침없이 그렸다. 아무 곳에나 그림을 그렸는데, 일종의 낙서라 어른들에게 혼나기도 했다. 그렇게 그리기를 좋아하던 아이는 어른이 되면서 어떤 그림을 그려 보라 하면 주춤하면서 생각이 앞서고 마음의 부담을 갖게 된다. 어른이 된 지금은 하얀 종이와 연필을 들고 있는 순간, 머리가 하얗게 되는 기분이다.

'자신을 그림으로 표현해 보세요'. 책상 위에 놓인 종이에 동그라미 하나를 그려 보자. 또는 종이에 테두리를 그려 보자(테두리 기법). 이렇게 하면 마음의 부담감이 줄어들 것이다. 그리고 내가 그리고 싶은 것을 그려 보자. 그림에 표현된 것은 당신이 감춰둔, 어쩌면 누군가가 알아주기를 바라는 마음일 것이다.

내 안에 내가 있다

글 알렉스 쿠소
그림 키티 크라우더
출판사 바람의 아이들
출판년도 2020
특별이력 출간하기까지 12년

그림책일까,
심리치유서일까?
어려운 듯 또 쉬운 듯
낯선 듯 또 친숙한 듯
이중적인 매력을 보여 주는 그림책.
마음으로 읽고 몸으로 표현되는 그림책.
그 메시지가 고스란히 표지에 담겨 있다.

집, 사람, 나무를 그려 보아요

❶ 방법

(1) A4용지

(2) 종이 방향은 자유

(3) 집, 나무, 사람 중 그리고 싶은 것부터 그리기

(4) 그림을 다 그리면 색칠하기 - 색연필, 색 사인펜 사용

❷ 질문 및 고려할 점

(1) 질문하기

- 집에는 누가 살고 있나요, 당신이 그린 집은 마음에 드나요?

- 집에서 누구와 살고 있나요? 살고 싶나요?

- 집에는 들어갈 수 있나요?

- 나무는 몇 살인가요? 나무는 살아 있나요?

- 나무는 무슨 생각을 하고 있나요?

- 어떤 종류의 나무인가요?

- 사람은 몇 살인가요?

- 사람은 아는 사람인가요? 지금 기분은 어떤가요?

(2) 그림 분석 시 고려할 점

- 집은 적대적으로 인식되는 세계로부터 숨을 수 있는 장소인가?
- 집이 성공과 부유함을 나타내는가?
- 나무는 살아 있는가?
- 활기가 있어 보이는가?
- 그림은 어떤 양식으로 그려져 있는가?
- 집·나무·사람에 어떤 상징이 나타나 있는가?
- 집·나무·사람 간의 상호작용이 나타나 있는가?
- 그림 중앙에 무엇이 있는가?

혜교 ——

자아ego, self, identity. 소크라테스의 명언 '너 자신을 알라'. 자신이 얼마나 무지한지를 자각하라는 의미이긴 하지만 문장 그대로 해석해 보자면 자신이 어떤 사람인지 정의를 내려 보라는 것이다. 삶을 살아가는 주체가 '나'인지, 아니면 사랑받고 싶은 대상에 의한 삶인지를 생각해 보자. 내가 선택하는 것들이 나의 행복을 위한 것인지, 진짜 자신을 위한 것인지를 생각해 보자.
내 안에서 조금씩 키워 가는 괴물이 있지는 않은지, 내 마음이 온통 검은 밤은 아닌지 생각해 봐야 한다. 자신이 원하는 것은 계속 뒤로 미루고 침묵과 공허의 삶을 살아가는 것은 아닌지 생각해 봐야 한다. 우리는 모두 입으로 불꽃을 피우는 삶을 살아야 하지 않을까. 내 삶을 결정하는 것은 바로 '나'여야 하기 때문이다.

연금술사 ——

내 마음속의 괴물과 나는 매일매일 소리 없는 전투를 치르고 있다. 그러나 그 어느 누가 자기 마음속에 한두 괴물 정도 가지고 있지 않겠는가. 그 괴물은 또 다른 나일 수도 있고, 나를 억누르고 폄하하려는 타인들의 목소리의 집합일 수도 있다. 마음속의 세상에서 내가 과연 주인이 될 수 있을까 의문이다. 사람들은 내 마음의 주인은 나라고들 이야기하는데, 내 마음은 여전히 갈피를

못 잡고 있는 주인 잃은 마음인 것만 같다. 마음의 제대로 된 주인이 되는 방법은 무엇인지, 어쩌면 괴물을 맞닥뜨리는 두려운 전투를 결국 해야만 하는 것인지도 모른다.

일상을 살아가면서 삶에 맞서 가면서 우리는 마음속의 주인이 누구인지 헷갈릴 때가 생긴다. 그럴 때 꺼내어 보면 짧지만 강력하게 언젠가 어린 시절 우리가 우리 자신의 주인이 되는 경험을 했던 그 시기를 어렴풋이 떠올리면서 강렬한 주체의식의 욕구를 불러일으킬지도 모른다.

사랑 ——

시인 윤동주도, 이상도 고민하였다. 윤동주는 내가 나에게 손을 내밀어서 화해하기도 하였고, 이상은 거울 속 내가 내민 손을 잡지 못해서 안타깝다고도 하였다. 많은 사람이 이렇듯 또 다른 나와 매일같이 싸움을 하고, 그 싸움의 끝이 어디로 갈지 몰라서 고민을 한다.

이 그림책에서도 역시 같은 메시지를 담고 있다. 첫 장에 쓰인 "이겨 낼 때마다 꽃 한 송이가 피어난단다."는 말과 함께 내 안의 괴물과 싸워 이기라는 아들에게 보내는 메시지이다. 이야기가 시작되면 내 안에 있는 또 다른 나를 발견했지만, 그 안에서 내가 왕이 아니기도 하였고, 내 안의 세상이 내 것이 아니기도 하고,

괴물과 싸우기도 하고, 비밀로 닫힌 문, 말하지 않는 괴물에 좌절하기도 하고, 정면 승부를 위해 잡아먹히기도 한다.

그리고 비로소 발견한다. 괴물 속에도, 동굴 속에도 모두 구름이 있다는 것이다. 구름을 발견하고, 구름을 인지하고 그것을 알아차리고 나는 꽃과 꿀을 가지게 된다. 나와 또 다른 나의 싸움에서 이겨 내고 꽃이 피어난 것이다. 그리고 비로소 말한다. "나는 쉬고 싶어졌다. 내 안에서 결정하는 건 나다." 나와의 싸움에서 소극적이지 않고, 적극적으로 정면 승부하여 이겨 낼 수 있는 몸과 마음이 단단한 사람으로 자리하고 싶은 사람들에게 이 책을 권하고 싶다.

마음이 아플까봐

글/그림 올리버 제퍼스
번역 이승숙
출판사 아름다운사람들
출판년도 2010
특별이력 영화화 예정 작품

내 마음속 깊은 곳에

꽁꽁 숨겨 둔 건 무엇일까?

남에게 들키고 싶지 않은

내 마음속 저 한구석에

이제는 꺼내어

한편으로는

위로받고 싶은

그 마음을 찾아본다.

웅덩이를 그려 보아요

❶ A4용지

A4 용지 준비, 연필, 색연필, 사인펜 등 마음에 드는 재료는 무엇이든 사용 가능

❷ 제시문

- 여러분은 지금 산길을 걸어가고 있습니다. 그런데 갑자기 '쿵'소리가 나면서 웅덩이에 빠졌습니다.
- 웅덩이를 그리고 웅덩이에 빠진 사람을 그려 봅니다.
- 사람은 구체적으로 그릴수록 좋으며 얼굴 표정도 함께 그려 주세요.
- 휴대폰이 있지만 통화 가능 시간은 10초밖에 없습니다. 누구에게 전화하여 어떤 말을 할까요? 적어 보아요.

✓ 해석 웅덩이는 자신이 처한 현재의 스트레스 상황

연금술사 ─

사람들은 각자 자신 안에 꼭꼭 숨겨 둔 마음 한 자락이 있는 것 같다. 그리운 기억들, 그리운 경험들, 그리고 그리운 사람들. 하지만 때로는 그것들을 추억하는 데 따르는 슬픔과 아픔이 너무도 크기도 하다. 과연 그리운 사람을 마음껏 그리워할 수 있도록 하려면 어떻게 해야 할까. 갑작스러운 이별로부터 내가 받은 마음의 상처를 더 이상 바라보기 힘들고 고통스러운 나머지 다시는 꺼내어 볼 수 없는 딱딱한 유리병 안에 넣어 뒀다면⋯.

이제는 굳은살 박인 나의 마음에도 위안이 필요할 것 같다. 나를 돌아보면서 스스로 할 수 있다면 좋겠지만 그렇지 않다면 누군가의 도움을 받아도 된다. 부끄러워할 필요가 없다. 분명 세상을 향한 마음을 닫아 둔 채 살아가는 것, 그리고 다시 세상을 향해 열어 두고 살아가는 것은 너무나 큰 차이가 있을 테니까. 다시 세상으로 나아가기 위한 미세하지만 용기 있는 발걸음 앞에 들려주고 싶은 이야기, 아픔을 이젠 힘을 내어 말해 보고 싶은 어른에게도 들려주고 싶은 이야기다.

사랑 ─

누구에게나 상실의 순간은 온다. 세상이 무너질 것 같기도 하다. 그런 아픈 마음을 다시 달래 주는 것 역시 마음이다. 마음이 마음으로 상처받고, 마음이 마음으로 다시 치료되기도 하는 것이다. 그 깊은 메시지가 들어 있는 그림책이다. 그래서 그림책만으로도 이미 추천하기에 충분하다.

거기에 나는 또 하나 잊히지 않는 마음이 있다. 유치원 프로그램으로 유치원 친구들에게 이 책을 읽어 준 적이 있다. 아이들이 이해하기 어려울지도 모른다는 생각이 커서 최대한 이해시켜 줘야겠다는 마음으로 갔었는데, 아이들은 충분히 이해하고, 더 높은 마음을 나에게 보여 주었다. 그중 한 아이의 목소리가 잊히지 않는다.

"참 다행이다. 아이가 있어서. 아니면 평생 어른으로 살 뻔했네."

수업이 아니었다면 어쩌면 내가 그 자리에서 울지도 모르겠다는 생각이 들었다. 마음을 병에 넣고 평생 어른으로 살 뻔한 그 마음을 이해해 주는 아이의 모습이 너무 이쁘고, 그걸 알아차린 아이가 너무 대단해서, 감동하였다. 마음을 다칠까 봐, 미리 마음을 닫아 버린 사람들에게, 평생 어른으로 살지도 모를 사람들에게 꼭 이 책을 권하고 싶다.

혜교 ——

자신의 의지로 어떻게 할 수 없는 그 누구도 피할 수 없는 것. 그것은 아마도 평생 동안 이어지는 만남과 이별일 것이다. 불교에서는 이를 연기설緣起設이라 말하고 세상의 모든 인과관계와 상호의존성을 말한다. 인연에 따른 좋은 만남은 기쁨으로 가득하지만 그 어떤 형태의 이별도 마음이 아프다. 마음의 준비를 하는 이별도, 예고 없이 찾아오는 이별도, 세상의 모든 이별은 슬프고 또 아프다. 그러나 마음이 너무 아파서 이별과 직면하지 못한다면 과연 우리의 마음이 성숙할 수 있을까?

그룹 넥스트의 〈날아라 병아리〉라는 노래에 이런 가사가 있다. "나 역시 세상에 머무르는 건 영원할 수 없다는 것을…." 우리는 이별을 통해 자신의 삶을 통찰할 수 있어야 한다. 자신의 삶을 반성하게 하는 것이 이별의 존재 이유가 아닐까. 아픈 마음을 사랑하는 사람들과 공유하고 치유하면서 우리의 삶은 한 단계 나아가는 것이다.

가시소년

글 권자경
번역 하완
출판사 천개의바람
출판년도 2021
특별이력 절판 후 재출판

갑자기 화가 났다.
이유가 있고 없을 때도 있다.
왜 그런지 모르겠지만
입에서 말도 곱게 나가지 않는다.
나도 내가 왜 이런지 모르겠다.
가시소년이 꼭 내 마음 같다.

바다의 파도 위에 별이 있는 하늘을 그려 보아요

❶ 재료

A4 용지, 연필(2B~4B)

❷ 제시문

- 연필로 바다의 파도 위에 별이 있는 하늘을 그리세요.
- 별과 파도 이외의 다른 사물을 그려도 좋습니다. 자유롭게 그리세요.
- 시간제한은 없습니다.

✓ 해석

- 의식적으로 또는 무의식적으로 느끼고 있는 긴장이나 개인적인 경향을 알 수 있다.
- 자신의 무의식에 관한 정보나 실생활의 상태를 알 수 있다.

사랑 ──

내 안에서 마구 가시가 돋아난다. 세상 모든 것이 가시가 된다. 가시를 다룰 줄 모르는 아이는 가시를 마구마구 내뿜는다. 친구들에게 선생님에게, 분명 속마음은 그게 아니지만 아이는 가시를 어떻게 다루어야 할지 몰라 타인을 향해 가시를 쏘고, 자신을 향해 다시 가시를 쏘고 있는 것이다. 어쩌면 아이도 안다. 이 가시가 결코 나를 보호해 주지 못한다는 것을. 하지만 아이는 집에서도 학교에서도 배우지 못했다. 상처받은 마음을 보호하고 위로하는 방법을. 그래서 홀로 사막에서 고독히 있을 뿐이다.

그 아이의 모습은 어쩌면 내 사춘기 시절의 모습과 비슷하다. 말 없이 표정을 보여 주지 않고 앉아 있는 아이의 뒷모습 위로 걸려 있는 선인장에 금이 가 있다. 그런 모습으로 내가 앉아 있었고, 다룰 줄 모르는 날이 선 가시로 세상 온갖 것에 불만을 갖던 그 시절의 나로 돌아가 있었다. 그때의 나에게 다시 다가가서 말해 주고 싶다. "힘들면 손 내밀어 봐. 도와줄게. 가시를 벗게 도와줄게. 우리 함께 가시를 던져 보자."

혜교 ──

누구나 가시 하나쯤은 마음에 지니고 살지 않나요? 하나가 아니라고요? 그럼 몇 개인가요?

여기 온몸에 가시가 박힌 소년이 있다. 이 소년은 왜 가시투성이의 마음이 되었을까? 가시 돋친 말과 행동을 거침없이 하는 주변 사람에게 상처받지 않는 가장 쉬운 방법은 상대방을 무시하는 것이다. 말하는 사람의 마음을 헤아리거나 이유 따윈 알고 싶지 않다. 우선 내가 상처를 받지 않는 것이 중요하다.

하지만 상처를 주는 사람은 더 많은 내면의 상처를 지니고 있다. 내면의 상처는 빙하의 바닷속 숨겨진 크기만큼이나 커다란 무의식을 형성하는 부분이어서 자신도 알 수 없는 영역이다. 그렇기 때문에 어떻게 하면 가시 돋친 말을 멈출 수 있는지 방법을 스스로 찾아내는 것은 쉽지 않다. 누군가의 도움이 절실히 필요하고 우리가 도움의 손을 내밀어 주는 존재가 되어야 한다.

상처투성이 소년에게 기꺼이 손을 내밀어 줄 수 있어야 하지 않을까? 누군가 나에게 도움의 손을 내밀어 준다면 그 손을 뿌리치지 말고 힘껏 잡는 용기가 필요하지 않을까?

연금술사 ——

나도 모르게 욱하며 화가 날 때도 있고, 짜증이 뾰족한 가시처럼 내 마음을 뚫고 돋아 나올 때가 있다. 내 몸에 난 가시는 나를 다치게 할 수도, 나에게 다가오는 사람을 다치게 할지도 모른다. 사람들은 어떻게 이 가시를 잘 다루며 살아갈 수 있는 걸까. 자신의 분노를 어떻게 조절하는 걸까.

깊이 있는 철학과 사고가 아니더라도 한 번에 통찰할 수 있는 상징적 은유를, 우리는 그림책을 통해 볼 수 있다. 자신의 의지로 생긴 가시가 아니라 하더라도, 혹은 결국 자신이 그 가시를 키워 나간 것이라고 할지라도 결국 자신의 몸에 여기저기 돋아난 가시에 대한 마지막 결정은 가시소년 자신이 내려야 한다는 점이 흥미롭다.

가시소년이 버스정류장에 서 있는 장면을 보게 되면 오랫동안 시선이 머무르게 된다. 소년의 눈에는 다른 사람들의 가시가 모두 잘 보인다는 것도 굉장히 신기한 사실이다. 소년은 타인에 대해 인식하면서 점점 자신의 가시도 돌아보게 된다. 스스로 통찰을 일으키는 굉장한 일을 소년은 우리에게 보여 주고 있다. 언젠가 가시를 뽑아내야 할 때면 나도 가장 안 아픈 핀셋으로 가시를 뽑고 싶다.

나 는 요,

글/그림 김희경
출판사 여유당
출판년도 2019
특별이력 2019 우수출판콘텐츠
제작지원사업 선정작

수많은 나의 모습 중에서
나는 과연 누구일까.
수채화의 물감이 퍼지듯
아롱아롱 퍼지는 색채와 함께
나의 색, 나의 마음을
바라본다.

자신을 닮은 동물을 만들어 보아요

❶ 클레이 준비하기

❷ 재료

다양한 색의 클레이

❸ 자신과 가장 닮은 동물(살아 있는 모든 생명체)을 만들어 봅니다. 만들기가 어렵다면 유튜브의 동영상을 참고해도 된답니다('클레이 동물 만들기' 검색).

❹ 질문하기

- 자신과 가장 닮은 동물을 선택한 기준은 무엇인가요?
- 자신이 만든 동물과 자신이 가장 닮은 점은 무엇인가요?
- 자신이 만든 동물은 지금 어디에 있나요? 무엇을 하고 있나요?

✓ 해석 자신이 만든 동물은 자신의 투사이다.

혜교 ———

'나는 누구인가'라는 질문에 답을 찾아가는 여행, 그것이 바로 삶이고 인생일 것이다. 자신의 정체성은 어떤 정해진 나이에 만들어지는 것이 아니라 평생 만들어 가는 것이다. 그렇다면 우선 자신에 대해 평소 이상적인 모습을 정립해야 한다. 주어진 인생은 '나는 어떤 사람이 되고 싶은가?'에 대한 질문에 끊임없이 답을 찾아가는 여정이라고도 할 수 있다. 그러나 이 질문에는 정답이 없다. 어제의 '나'와 오늘의 '나'는 정반대의 모습일 수 있다. 하지만 어제도 오늘도 '나'는 나로서 존재하며 헤겔의 변증처럼 한 뼘 자란 '나'로 끊임없이 성장해 간다. 하루에 한 문장이라도 '나는 누구인가'에 대한 오늘의 답을 적어 보자(실천노트 작성하기).

연금술사 ———

정체성은 어쩌면 하나로 정의되기 어려운 복잡한 그 무엇일 수도 있다. 사람들은 누구나 변하지 않는 고정불변의 특징들을 가지고 있다. 하지만 동시에 주변 환경에 따라서, 교우하는 관계들에 따라서 카멜레온처럼 바뀔 수 있는 특징도 함께 가진다. 사람이 변하지 않는다고 했던가? 아니다. 사람은 좋은 것이 있다면 충분히 변할 수 있고 달라질 수 있다.

사람이 변하지 않는다고 생각한다면 그 누군가의 편협함과 고정관념에 대해 물어보고 싶다. 자신부터 바뀌지 않으려 애쓰면서 타인이 바뀌길 바라는지. 물론 모든 변화가 다 긍정적이라 말하긴 어려울 수도 있다. 다만 우리가 지금보다 조금 더 나아지려 애쓰는 그 모습 자체가 주변 사람들에게도 선한 영향력을 주게 되고, 이런 선한 에너지들이 모여서 결국 사회 전체의 긍정적인 힘이 되는 것은 아닐까 생각해 본다. 내가 사람의 긍정적인 변화를 믿듯이 함께 믿어 볼 누군가를 꿈꾸면서 함께 읽어 보면 좋을 것 같다.

사랑 ―

"나는 어떤 사람인가요?"라고 물으면 보통 직업을 이야기하거나, 자신의 이력을 이야기하곤 합니다. 하지만 과연 나는 어떤 사람일까요? 그림책 속 친구들은 이렇게 소개합니다. "나는 자꾸 엉뚱한 생각에 빠져요. 무엇을 하려고 했는지도 까먹을 정도로요." 엉뚱한 장소에서 나무 위 가지에 쉬면서 자신을 소개하는 표범, "나는 선택하는 게 정말 어려워요. 뭐가 좋을지 자꾸 갈팡질팡하곤 해요."라며 파랑과 빨강의 색을 가지고 있는 토끼. 진짜 자기를 소개합니다. 그리고 깨닫습니다. '나도 이런데, 나에게도 이런 모습이 있는데, 왜 나의 이런 모습을 알아차리지 못하지?' 그러고는 소개합니다. "욕심쟁이라 하고 싶은 일이 너무 많아 늘 일을 벌이고 다니지만, 막상 수습할 때면 허덕이며 나를 괴롭히기도 하는 ○○○입니다." 욕심쟁이가 이 그림책을 권합니다. 여러분은 어떤 사람인가요?

연 어

글 안도현

그림 한병호

출판사 문학동네

출판년도 2007

시인 안도현과 화가 한병호의 만남,
성장 이야기.
신비로운 자연을 배경으로
살아가는 이유에 대한 끊임없는 고민을 통해
삶의 성장을 도모하는 그림책.
20여 년이 넘도록
스테디셀러 자리를 굳건히 지켜 온
소설 같은 그림 이야기.

어항 속 물고기를 그려 보아요

❶ 재료

A4용지, 색연필, 색사인펜 등

❷ 방법

- 본인이 원하는 종이 방향으로 놓기
- 어항 그리기
- 어항 속 물고기 가족 그리기 + 색칠하기
- 각각의 물고기가 누구인지, 무엇을 하고 있는지 간단하게 설명 적기

해석

- '물고기 가족화'라고 한다.
- 현재 자신의 마음을 나타내며 자신과 가족과의 관계를 알 수 있다.
- 가족의 역동적, 현재의 심리적 갈등을 일으키는 주제 파악이 가능하다.
- 안정된 정서의 그림 특징
    - 어항과 물고기의 조화가 적당하고 동적인 움직임
    - 공간이 여유롭고 물풀이 조화롭게 구성

사랑 ——

참 따뜻하고도 슬픈 책이다. 읽을 때마다 그 몽글몽글해지는 마음을 주체할 수가 없다. 화가 한병호의 그림 역시 이 마음에 한몫을 차지한다. "삶의 의미는 어디에 있을까?" 연어는 고민을 한다. "알을 낳기 위해 존재하는 삶만은 아닐 거라고." 하지만 연어는 차츰 시간이 지나며 깨닫는다. 삶의 의미는 멀리 있지 않고, 함께 있음에 존재한다고. 삶의 희망도 멀리 있지 않고, 포기하지 않으면 언젠가 다가온다고
그 모습이 마치 영화 〈소울〉(피트닥터, 디즈니, 2021)에 나오는 22번의 모습과도 얼핏 닮아 있었다. "피아니스트가 내 삶의 의미라고?", "그럼 그다음은 뭔데?"라고 질문을 던질 줄 아는 22번. 그래서 '삶의 모든 것은 의미가 없다. 그래서 아무것도 안 할 거야.'라고 결론을 내려 버린 22번. 하지만 나중에는 자신만의 불꽃을 드디어 찾게 된다. 그 불꽃은 다름 아닌 삶을 '살아감' 그대로 의미가 있다는 것을. 그래서 삶의 의미는 결국 내가 만들어 간다는 것을.
우리는 '불꽃을 찾은 22번'이 되어야 할까. '모순된 규칙이나 상황에 빠진, 옴짝달싹할 수 없는, CATCH 22번'이 되어야 할까. 우린 '어떤 연어'로서의 삶을 살아야 할까. 여러분에게 그 질문을 다시 되돌려주고 싶다.

혜교 —

존재의 영속성은 모든 생명의 본성이고 이러한 본성에 따른 연어의 귀소본능은 절대적인 그 무엇에 의해 프로그래밍된 자연의 위대함이다. 자연은 위대하면서 동시에 절제된 법칙을 따른다. 자연을 통해 인간의 삶을 반추하는 것은 상당히 철학적인 일이다. 단순해 보이지만 깊이 있는 깨달음.

춘추시대 노자가 말했듯이 인간이 자연을 닮아 살아간다면 순수한 어린아이로 돌아가는 것이고 어린아이와 같은 삶은 행복 그 자체이다. 물 흐르듯이 순리대로 삶을 살아가는 삶, 자신에게 주어진 모든 것들을 숙명으로 받아들이는 삶이야말로 가장 어렵고 힘들고 거부하고 싶은 삶일지도 모른다. 그러나 연어는 그 숙명을 받아들이고 존재의 영속성으로 다시 태어난다. 또 다른 생명으로 다시 태어나는 것이다. 그렇게 생명을 영속해 간다.

연금숲사 —

물고기는 민물과 바닷물을 자기 환경에 맞는 영역으로 나눠서 살아간다. 하지만 연어는 독특하게도 민물에서 태어나 바닷물에서 성장하고 다시 번식을 위해 강을 거슬러 자신이 원래 태어난 민물로 돌아온다. 연어를 생동감 있고 실제의 모습과 가깝게 사실적으로 묘사한 그림에서 주는 감동이 있다. 또한 작가의 시적 감성과 연어들의 이름이 주는 그 거칠지만 자연에 가까운 감성 역시 인간사로부터 연어의 삶을 멀리 떨어져 있는 듯, 또 동시에 가까이 다가와 있는 듯 느끼게 해 주는 부분이다.

연어들의 이동과 삶을 쭉 따라가다 보면 갑자기 이런 생각이 든다. 언뜻 보면 우리 인간의 삶도 이처럼 자신이 태어난 곳을 벗어나 살아가며 성장을 경험하는 것이 아닌가 싶은 것이다. 각자 자신에게 주어진 인생의 무게를 견뎌 내면서 그렇게 사회의 풍랑을 경험하고, 삶을 있는 그대로 온몸으로 부딪치며 살아온 우리들이 다시금 돌아갈 삶의 안식처가 바로 연어가 그토록 찾아가고자 했던 강물의 상류였을지도 모른다. 진정 어른을 위한 그림책이다.

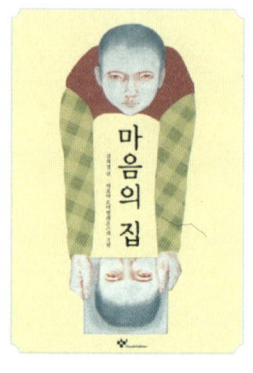

마음의 집

글 김희경
그림 이보나 흐미엘레프스카
출판사 창비
출판년도 2020
특별이력 라가치상 논픽션 부문 대상(2011년)

한국 작가와 폴란드 작가의 만남,
그 어떤 시보다 아름답고
그 어떤 사상가보다 철학적인 그림책.
시간의 흐름에 따라
장소에 따라
읽어 주는 대상에 따라
그림이 달리 보이고
의미가 다르게 해석되는 신비로운 펼침.

풍경화를 그려 보아요

❶ 재료

A4용지, 색연필, 색사인펜 등

❷ 방법

- 종이 가장자리에 검정색을 이용하여 테두리 그리기
  : 테두리 기법 → 편하게 그림을 그릴 수 있음
- 순서대로 그림 그리기 + 더 그리고 싶은 것이 있으면 그리기 + 색칠하기
- 제시문 : 자, 지금부터 풍경을 그릴 겁니다. 잘 그리는 것을 보려는 것이 아니니까 자신이 원하는 대로 그려 주세요. 단, 순서에 따라서 그려 주세요.
  * 순서 : 강 → 산 → 논 → 길 → 집 → 나무 → 사람 → 꽃 → 동물 → 돌
- 질문 : 날씨는 어떤가요? 하루 중 언제인가요? 어느 계절인가요?

✓ 해석

- 풍경화의 모든 것은 상징이다.
- 본인의 현재 심리 상태를 나타낸다.
- 그림의 왼쪽 : 어린 시절, 유년 시절, 엄마와의 관계
  그림의 오른쪽 : 미래

연금술사 ―

"마음이 어디에 있다고 생각하나요?"라고 물으면 대다수 사람들이 자신의 심장 근처를 가리키며 그 안에 마음이 있다고 설명한다. 때로는 머릿속에 마음도 있다고 하는 사람도 있지만 마음은 이처럼 딱 어디에 있다고 말하기 힘든, 그리고 그 형태를 가늠하기 어려운 무엇이다. '만약 마음의 모양새를 상상해 본다면…' 하는 궁금증을 가지고 이 책을 읽어 본다면 형태로부터 오히려 마음의 본질에 보다 가까이 다가서고 있는 나 자신을 발견할 수 있을 것이다.

나도 내 마음을 모를 수 있다. 물론 타인의 마음을 알기란 더더욱 쉽지 않다. 하지만 우리나라 사람들처럼 또 진정한 마음을 중요하게 생각하는 사람들도 세계적으로 드물다. 인사를 해도, 자그마한 선물을 하나 전해도 뒤에 숨겨진 그 사람의 마음이 중요하다고 생각한다.

《마음의 집》을 함께 읽다 보면 사람들마다 울림을 주는 장면과 페이지가 다르다. 이토록 사람들은 각자의 마음이 머무는 지점과 온도가 다 다르다는 것을 알 수 있게 된다. 《마음의 집》을 함께 읽고 '내 마음'의 형태 혹은 '내 마음의 집'의 모습을 그려 보는 것은 이 그림책을 보다 나의 것으로 가깝게 만들고 싶다면 해 볼 만하다.

사랑 —

충격적인 책이었다. 평소 접했던 그림책에서는 절대로 느낄 수 없는 감정이었다. 내 마음을 내가 규정할 수 없고, 내 마음은 하나로 단정 지어지지 않는다. 그게 참 어렵고, 어떻게든 내 마음을 규정하려고 하였다. 하지만 이 그림책에서는 말하고 있다. '마음의 집'은 어디에나 있다고. 어떤 형태, 어떤 모습으로 있다고. "그게 당연한 거다. 네가 이상한 게 아니다."라고 글쓴이가 속삭여 준다. 위로받은 내 마음이 상처받은 내 마음을 다독여 준다.

모든 형태로 존재하는 내 마음은 그날의 나의 컨디션에 따라 다른 마음의 집을 짓는다. 그래서 펼쳐지는 모든 그림들이 내 마음이 되기도 하고, 또 아니기도 하다. 그래서 이 그림책의 경우 곁에 두고 틈틈이 그림들을 살펴본다. 그리고 내 마음을 알아차리려고 노력한다. 실제로 심리상담 장면에서 이 책을 읽고 내담자 몇 명은 마지막 거울 그림에서 눈물을 펑펑 쏟은 경험이 있다. 그때 거울에 비친 내담자의 마음의 집은 어땠을까. 여러분의 마음의 집은 어떤 모습인가.

혜교 —

글과 그림이 완벽하게 조화를 이루는 책. 하지만 그림 작가와 글쓴이가 국적이 다른 책. 소통은 언어로만 이루어지는 것이 아님을 알 수 있는 책이다. 글에는 그림 작가의 마음이 담겨 있고 그림에는 글쓴이의 철학적 통찰을 담고 있다. 소통이 이루어 낸 하모니는 그림책을 펼치는 모든 사람들에게 깊은 울림을 준다. 책을 펼칠 때마다 매번 다른 울림이 전해 오는 신기한 경험을 할 수 있어서 생각날 때마다 마음의 위로가 필요할 때마다 곁에 두고 읽어야 할 그림책이다.

마음은 세상을 연결하는 통로이고 그런 마음의 집이 어떤가에 따라 세상과 소통하는 연결고리의 상태가 결정된다. 세상과 행복한 소통을 하기 위해서는 마음이 힘들 때 다른 마음들의 도움을 받는 것부터 시작해야 할 것이다.

철사 코끼리

글/그림 고정순
출판사 만만한책방
출판년도 2018

제대로 '안녕Bye'이라고 말하기.
삶에서 만남이 있으면
언젠가는 반드시 이별도 있다.
아주 멀리 있을 것 같은 그 이별은
어느 날 갑자기 찾아오지.

이별을 대하는 우리의 자세.
데헷의 두 번째 눈물의 의미를 안다면
당신은 이별에 제대로 안녕을
말할 수 있을 것이다.

동굴을 그려 보아요

❶ 재료

A4용지, 색연필, 색사인펜 등

❷ 방법

- 종이 방향은 자유롭게
- 종이에 타원을 그린다.
- 동그라미 '이것은 동굴입니다.'
- 여기가 동굴 입구인데 만일 당신이 동굴 안에 살고 있다면 바깥 세계는 어떤 모습이면 좋을까요?
    - 동굴 안과 동굴 밖을 모두 그림으로 표현하기
- 완성되면 색칠하기
- 질문 : 어느 계절인가요? 시간은 몇 시쯤인가요? 동굴에 실제 살고 있나요?

해석

- 동굴 안 : 내 마음, 나의 심리, 내부적 환경

  동굴 밖 : 외부 환경에 대한 나의 태도(외부)

- 동굴 안에 있는 것 : 내 마음속 자원
- 동그라미 크기 : 작은 사람 - 내향적 / 큰 사람 - 외향적

혜교 ——

죽음은 되돌릴 수 없는 것이다. 태어남이 있으면 언젠가는 죽음도 있다. 제행무상諸行無常, 세상에 존재하는 모든 것은 영원하지 않다는 것에 대한 깨달음. 제법무아諸法無我, 그러하니 나 또한 언젠가는 죽음을 맞이할 것이다. '죽음'은 누구에게나 두려운 단어이고 죽음을 맞이한다는 것은 세상의 모든 것과의 이별을 의미한다. 마음을 단단히 먹어도 사랑하는 사람과의 죽음은 받아들이기 힘들고, 나의 죽음 역시 두렵고 죽음을 맞이하는 그 순간까지 부정한다.

하지만 모든 생명이 소중하고 가치 있는 것은 그 유한성에 있을 것이다. 죽음과 이별은 멀리 있는 것이 아니라 이미 내 안에 존재하고 있다. 일상 속에서 애써 생각하지 않기 때문에 멀리 있는 것처럼 보이지만 모든 생명에 내재해 있는 것이 바로 죽음이다. 동전의 양면처럼, 손등과 손바닥처럼 공존하고 있는 것이다. 매일 '죽음'을 생각한다면 우리의 삶은 양질의 가치들로 가득할 것이다. 사랑하는 사람들과의 모든 순간이 소중할 것이고 소중한 시간으로 채워진 시간들로 인해 이별 또한 용기 있게 받아들일 수 있을 것이다.

연금술사 —

이별은 너무나 갑자기 다가오기도 한다. 준비된 이별이라고 덜 슬프지도 않고, 준비되지 않은 이별이라고 더 슬픈 것은 아니다. 하지만 만남의 환희에 대비되는 다시는 만나지 못할 이별은 나이를 떠나서도 항상 힘들고 슬픈 문제인 것 같다.

철사코끼리의 무게와 덩치는 아이의 슬픔의 무게와 크기를 대변하는 듯하다. 철사코끼리의 덩치만큼이나 큰 슬픔을 어떻게 감당할 수 있을지 아이에게 알려 주는 사람은 없다. 다만 아이는 어딜 가든지 예전처럼 이 철사코끼리와 동행하며 철사코끼리만을 향해 자신의 마음을 보여 준다.

주변 사람들이 차츰 눈에 들어오기 시작할 때, 아이에게 철사코끼리의 모습은 이제 그만큼 크거나 무겁게 느껴지지 않았을지도 모른다. 이제는 철사코끼리에 대한 진정한 나의 마음과 슬픔의 무게를 차츰 줄여서 나를 돌아볼 때라고 느꼈을까. 아이는 철사코끼리를 다른 형태로 변형시킨다. 그리고 그것은 아이에게도 더 긍정적인 방향으로 변하는 계기가 되는 것 같다.

사랑 —

가까운 이를 잃어 본 적이 없다면, 데헷이 그 작은 미소를 짓기까지 얼마나 큰 힘이 필요했을지 모를 것이다. 그저 '막연한 아픔이

었겠거니.', '힘들었겠다.', '어떻게 위로하지?'의 정도만 생각이 들 것이다. 사실 나 역시도 그렇다. 그렇지만 상상으로만 막연히 떠올려도, 그 가슴의 아림에 가끔 숨쉬기 힘들 때가 있다. 아니면 어쩌면 그 대상은 꼭 사람, 동물이 아니라 다시 돌이킬 수 없는 내 과거 추억 속의 장면일지도 모른다.

어찌 되었건 갑작스럽게 준비되지 않은 채 얌얌이를 잃은 데헷이 그랬다. '얼마나 보고 싶었으면 철사를 모아 얌얌이를 닮은 철사 코끼리를 만들었을까.' 시끄러운, 울지도 않는, 차가운 철사 코끼리를 데리고 다니는 데헷, 그래서 점점 사람들의 목소리를 듣지 못하고, 아무도 데헷 곁에 다가오지 못하는 상황. "데헷, 네 손을 봐. 온통 철사에 찔린 상처투성이잖아." 정말로 큰 이별을 겪은 사람이라면 그 어떤 위로도 주지 못한다는 것을 잘 표현해 주는 것 같다.

그래도 희망은 있다. 슬픔은 슬픔만의 힘이 있다. 데헷의 슬픔을 담은 철사 코끼리가 용광로에서 녹여져 작은 종이 되었듯이. "잊어야 한다는 마음으로 오늘도 울고 있을 사람들에게" 슬픔의 철사들이 작은 종으로 승화시키게 될 당신에게 이 책의 끝에 이 음악을 살포시 권해 본다. 〈2020 랜선희망배달부 '노래를 그리는 이야기' - 첫 번째 '철사코끼리'〉(자바르떼, 4:56, 2020).

방긋 아기씨

글/그림 윤지회
출판사 사계절
출판년도 2014

아이는 왜 웃지 않을까?
방긋 아기씨는 아이가 아닌
부모의 성장 이야기이다.
연필과 물감의 결을 치밀하게 쌓아 올린
참으로 아름답고 우아한 그림책!
옛이야기 형식을 빌렸지만 우리 주변의 이야기처럼
휴대전화, 헤드셋, 카메라, 태블릿PC 같은
요즘 물건들이 곳곳에 숨겨져 있다.

새 둥지를 그려 보아요

❶ 재료

A4용지, 색연필, 색사인펜 등

❷ 방법

- 종이 방향은 자유롭게
- 종이에 새 둥지를 그리세요.
- 연필, 색연필, 사인펜 모두 사용 가능
- 질문
  • 새둥지는 어디에 놓여 있나요?
  • 어미 새는 무엇을 하나요?
  • 아기 새는 어떤 상태입니까? 어디에 있나요?

✓ 해석

- 새 둥지 : 부모와의 애착 정도를 알 수 있다.
- 둥지 안을 어떻게 표현했느냐에 따라 애착 정도를 파악할 수 있다.
- 어린 시절 자신의 부모와의 애착 관계를 알 수 있으며, 현재 자녀와의 애착 정도를 알고 싶다면 자녀에게 새 둥지를 그리게 하면 된다.

사랑

'부모는 아이의 거울'이랬다. 이는 단순히 부모의 품행을 아이가 본받는다고, 그래서 부모가 말과 행동을 조심해야 하는 말이라고만 생각했다. 적어도 이 책을 읽기 전까지는.

화려한 궁궐에 태어난 아기씨는 웃지를 않는다. 엄마 왕비의 눈에 비친 아기씨의 표정이 모든 것을 말해 준다. 왕비는 최선을 다해 옷과 음식과 공연을 마련해 주지만 아기씨는 여전히 웃지를 않는다. 그런 아기씨는 어떻게 웃게 되었을까?

방긋 아기씨는 엄마 왕비가 깔깔깔 웃는 순간 달라진다. 아기씨의 눈에 웃고 있는 왕비의 모습이 보이는 것이다. 그제야 걱정 많고 불안하던 푸른색의 왕비님이 따스한 살구색의 모습으로 변한다. 아기씨도 방긋방긋 웃으며 엄마와 아기 사이에 둘만의 세상이 펼쳐진다. 그때 깨달았다. '단순히 품행을 말하는 것이 아니었구나.' 하고. 온 세상의 중심에 있는 엄마가 행복해야 아이도 행복하다는 것을. 이것은 좀 더 확장되어서 내가 행복해야 다른 누군가를 행복하게 만들 수 있다는 것을.

그래서 나는 오늘도 최선을 다해 행복하고자 한다. 행복은 멀리 있지 않고, 삶의 의미도 멀리 있지 않기에. 글을 쓰는 오늘의 이 빗소리마저도 감사한 오늘이다.

혜교 ———

만 6세까지 부모와 어떤 정서적 교감을 했는가, 어떤 가정환경 속에서 자랐는가는 사람의 성격 형성에 절대적인 영향을 준다고 학자들은 말한다. 유아기는 한 사람의 평생을 좌우하는 매우 중요한 시기이다.

아이는 태어남과 동시에 부모의 모방을 통해 모든 생각과 행동을 형성한다. 특히 부모의 정서적 상태는 아이의 정서와 직결되고 부모의 기쁨, 즐거움, 안정감 또는 우울, 불안, 분노와 같은 감정은 바로 아이에게 비언어로 전달된다.

벽돌을 하나하나 쌓아서 집을 만들 듯, 부모의 모든 언어와 비언어가 쌓여 한 사람을 만들어 가는 것이 육아이다. 부모는 아이에게 민감하게 반응할 필요가 있고 특히 아기들은 울음으로 모든 신호를 보내기 때문에 울음의 의미를 잘 해석해야 한다. 그러나 울음의 의미를 민감하게 알기 전에, 부모는 아이의 존재를 알게 된 순간부터 존재함 그 자체로 온전한 사랑을 전할 수 있어야 한다.

가로 20cm와 세로 30cm가 훌쩍 넘는 커다란 그림책을 한 장 한 장 넘기다 보면 내 눈앞에 양쪽으로 가득 펼쳐지는 그림으로 마음의 치유가 시작되는 그림책이다.

연금술사 ——

아이는 어른의 거울이라는 말은 바로 이 그림책을 한마디로 표현할 때 가장 적합한 말일 것이다. 부모가 된다는 것은 내 부모에게 어렴풋이 배웠던 어린 시절을 상기하지 않으면 따로 매뉴얼이 있는 것도 아니고, 혹시 있다고 해도 모두에게 일관되게 적용되는 것도 아닐 것이다.

왕국에서 태어난 아기씨는 웃질 않는다. 왕비는 그것조차 걱정이 되어 아기씨를 웃기기 위해 물질적인 지원을 아끼지 않는다. 아기씨를 웃기려고 도전한 모든 도전자들의 행동은 실패로 끝날 것만 같다. 결국 아기씨를 웃게 한 것은 무엇이었을까.

일상 속에서 만나게 되는 많은 아이들도 혹은 이미 어른이 된 우리들도 가끔 우리가 부모님들로부터 받은 일종의 감정의 유산을 경험하고 느낄 때가 있다. 어떤 특정 감정이 나의 생각과 다르게 튀어나올 때, 바로 그림책에서 아기씨가 계속해서 웃지 않는 것이 태어나서 엄마로부터 한 번도 받지 못했던 미소나 웃음 짓는 얼굴 때문이었던 것처럼 과거 어딘가에 이유가 있지 않을까 하고 생각해 보는 것이다.

자연스러운 나의 감정을
그대로 따라가는 것이
바로 그림책 여행의 매력일 것이다

part 4

그림책 여행
가이드

그림책 여행
무작정 따라 하기

STEP 1   샘과 데이브가 땅을 팠어요
STEP 2   공원에서 일어난 이야기
STEP 3   머나먼 여행
STEP 4   바다 우체부 아저씨
STEP 5   나는 기다립니다
STEP 6   두더지의 소원

○
"우리 함께 그림책 여행을 떠나 보는 것은 어떨까?"
"그림책의 여행지 속으로 탑승을 준비해 보도록 하자."

  마음으로 떠나는 색다른 여행을 권해 보고자 한다. 그림책 속으로 함께 여행을 떠나 보자. 여행에 탑승하게 된 당신에게 그림책 여행 가이드가 되어, 특별한 여행을 소개해 보려고 한다.
  여행을 떠나기에 앞서 아주 사소한 준비 사항을 알려 주고 싶다. 지금 떠나는 그림책 여행은 특별하다. 여행지가 바로 책 속이기 때문이다. 그래서 어떤 장소, 어떤 공간, 어떤 시간에 여행을 떠나든 큰 제약이 없다. 먼저 조용히 여행을 떠날 수 있는 나만의 작은 공간 - 내 방이나, 카페, 새소리가 들리는 공원이나, 모래사장이나, 어떤 곳이든 - 어디든 좋다. 이 책에 소개된 그림책 중에서 가장 내 마음이 닿아 있는 그림책 한 권을 준비해 가장 편안한 자리에 앉아 본다. 그다음으로 그림책을 그대로 음미하고 떠나면 된다.

여기서 또 하나, 여행의 풍미를 더욱 높여 줄 약간의 팁을 소개한다. 여행을 함께할 음악과 차를 추천할 것이다. 그래서 여행 가방 안에는 꼭 휴대폰과 이어폰, 그리고 텀블러도 하나 넣어 가도록 하자.

그림책 여행이 끝났을 때 조금 주의할 점도 있다. 어쩌다 보니 그림책을 통해서 그동안 들여다보지 못한 내 마음이 나도 모르게 깊숙이 드러나는 경험을 하게 될지도 모른다. 그래서 여행이 끝난 후 또는 여행 중에 상처받은 내면 아이와 만났다면 그 아이를 다독여 줄 수 있는 감정 일기를 써 보도록 하자.

그렇다고 해서 모든 그림책이 의미가 있고, 모든 사람들이 그림책에 나의 감정이 투영되는 것은 아니다. 자신에게는 아무런 의미 없는 그림책이 될지도 모른다. 그러니 억지로 그림책에 내 감정을 끼워 맞추는 인위적인 여행은 하지 말도록 하자. 자연스러운 나의 감정을 그대로 따라가는 것이 바로 그림책 여행의 매력일 것이다.

샘과 데이브가 땅을 팠어요

글 맥 버넷
그림 존 클라센
번역 서남희
출판사 시공주니어
출판년도 2014

"
무의미한 여행은 없다
"

의미 있는 여행을 위한 준비 👣

푸드테라피　레몬 탄산수
컬러테라피　노랑 🟡 - 자유분방한 색
여행 스타일　친구와 함께 1박 2일 캠핑
요가 테라피　우드르바 무카 스바나 아사나
함께할 음악　〈캠핑의 밤〉 By 컴피아워 스튜디오
　　　　　　〈출발〉 By 김동률

Tip For You

푸드 테라피 food therapy

레몬 탄산수

레몬청, 탄산수 1개, 얼음 약간, 민트잎

① 레몬청(슬라이스 레몬 + 설탕) 준비하기.
② 유리잔에 레몬청 1스푼을 넣어 섞어 주기.
③ 2에 얼음을 담고 탄산수 넣어 저어 주기.
④ 민트잎으로 장식하기.

요가 테라피 yoga therapy

우드르바 무카 스바나 아사나

위로 향한 개 자세, 업독

몸이 땅에 가깝지만 결코 바닥으로 내려가지 않고

| Tip For You | 몸 전체가 하늘을 향하고 있어
생명력을 느끼고 살아 있는 힘을 알 수 있는 자세.
몸의 앞뒷면이 늘어나고 깨어남을 느낄 수 있다. |

포토 테라피 photo therapy

여행 가이드가 던지는 질문

- 내 일상의 다이아몬드는?
- 누군가와 무엇을 함께 시도한다는 것은?
- 나는 어떤 유형의 사람인가? (샘, 데이브, 강아지)
- 개가 보석이 있는 곳을 계속 가리키고 있었는데 샘과 데이브는 왜 몰랐을까?
- 이룬 것이 없어도 여행 끝에서 멋졌다고 말할 수 있는 것은?

여행 플러스 +

실제로 목적 없이 여행을 떠나 보기.
어디로 갈지 정해 놓지 않고 길을 떠나 보기.
가만히 샘과 데이브처럼
위로 아래로 좌로 우로 길이 나는 곳으로 떠나 보기.
피곤하면 쉬기도 하고
힘들면 초코 우유와 과자도 먹기.
그리고 어마어마하게 멋진 것을 얻어 보기.

From 사랑

친구와 함께 1박 2일 캠핑 떠나 보기.
가장 자연과 가까운 곳으로 떠나기.
최소한의 도구만 챙기기.
하지만 맛있는 음식과 마음을 움직이는 음악과
불멍(호롱불멍도 좋아)은 꼭 준비하기.
땀을 흘리며 텐트를 설치한 후
가장 편한 자세로 의자에 앉아
시원한 레몬 탄산수 한잔하기.

From 혜교

어쩌면 모든 여행은
다시 우리가 있어야 할 그곳으로
우리를 다시 돌려놓을지도 모른다.
지금의 나의 상황과 나와 관련된 모든 것을
한번 천천히 돌아보면 어떨까.

From 연금술사

공원에서 일어난 이야기

글/그림 앤서니 브라운
번역 공경희
출판사 웅진주니어
출판년도 2021

" 마음의 시선에 따라 다르게 보이는 세상 "

다른 시선의 여행을 위한 준비 👣

푸드테라피	로열 밀크티
컬러테라피	초록 🟢 - 사람들을 편하게 하는 색
여행 스타일	혼자 가볍게 공원 산책을 하며 낯선 사람과 인사하기
요가 테라피	파리가 아사나
함께할 음악	〈네가 생각나〉 By PL(피엘)
	〈산책하기 좋은 계절〉 By 러브래빗

Tip For You

푸드 테라피 food therapy

로열 밀크티

홍차 티백 2~3개, 물 200㎖, 우유 100㎖, 시럽, 시나몬(파우더 또는 스틱)

❶ 작은 냄비에 물을 ·넣고 끓기 시작하면
홍차 티백을 넣어 우리기.

❷ 어느 정도 우려지면 티백을 꺼내고
우유를 넣고 중약불에서 2~3분 끓이기.

❸ 기포가 몽글몽글하게 올라오면 불을 끄고 기호에 따라
시럽과 시나몬을 추가한 후 잔에 따르기.

요가 테라피 yoga therapy

파리가* 아사나

*파리가: 문을 닫고 가로질러 잠그는 나무나 쇠막대기

빗장 자세, 열린 문 자세

> **Tip For You**
>
> 몸의 측면을 이완시키는 자세.
> 기분 전환을 가져오며
> 새로운 기회가 열리는 느낌을 느낄 수 있다.

포토 테라피 photo therapy

여행 가이드가 던지는 질문

- 공원의 의미는 무엇일까?
- 내 주변에도 스머지, 찰스, 찰스 엄마, 스머지 아빠와 같은 사람이 있는가?
- 내가 공원에서 만나고 싶은 사람은?
- 나는 네 명의 목소리 중 누구에 가깝나?
- 스머지 아빠의 손은 왜 사람 손일까?

여행 플러스 +

공원을 산책하는 건
자주 떠나지 못하는 여행의
가장 효과적인 대안!
근처 산책하기.
좋은 공원들로 나만의 지도 만들어 보기.
지도에 나만의 공원 특징과 힐링포인트 써 보기.

From 연금술사

햇살이 좋은 오후에 마음이 끌리는 인물과 함께
산책을 떠나 보기.
스머지 아빠의 눈에 보이는 세상의 모습을
그림에 담아 보기.
찰스 엄마의 눈에 보이는 세상의 모습을
그림에 담아 보기.
찰스의 눈에 보이는 세상의 모습을
그림에 담아 보기.

스머지의 눈에 보이는 세상의 모습을
그림에 담아 보기.

                                From 사랑

주말 아침, 평소보다 1시간 정도 일찍 일어나
집 근처 공원 산책하기.
산책하면서 음악을 낮게 들으며 주위를 살펴보기.
초록이 짙은 계절에 산책하기.
낯선 사람 3명과 인사 나누어 보기.
인사를 건넨 사람의 뒷모습을 보며
나의 뒷모습 생각해 보기.

                                From 혜교

머나먼 여행

글/그림 에런 베커
출판사 웅진주니어
출판년도 2014

"
상상으로 떠나는 여행
"

상상 속 여행을 위한 준비 👣

푸드테라피　히비스커스 티

컬러테라피　빨강 🔴 - 열정으로 표현되는 색

여행 스타일　놀이공원

요가 테라피　나타라자 아사나

함께할 음악　〈여행〉 By 볼빨간 사춘기
　　　　　　〈No Direction〉 By Rachael Yamagata

Tip For You

푸드 테라피 food therapy

히비스커스

히비스커스 티백 4개, 물 1,000㎖, 사과청(기호 따라), 얼음

❶ 히비스커스 티백을 찬물에 담가 10시간 우려 주기.

❷ 사과청을 유리잔 아래 깔고 냉침한 히비스커스를 붓고 기호에 따라 얼음을 적당량 넣기.

요가 테라피 yoga therapy

나타라자* 아사나

*나타라자: 인도 신화에서 죽음의 신. '시바 신'의 다른 이름으로 '춤의 왕(신)'이라는 뜻을 지니고 있다.

춤의 왕(신) 자세

Tip For You

우아하면서도 자유로운 춤의 신이 되어
가슴을 열고 상쾌함과 편안함을 느낄 수 있다.

포토 테라피 photo therapy

여행 가이드가 던지는 질문

- 마법의 펜이 주는 의미는 뭘까?
- 나는 마법의 펜으로 무엇을 만들까?
- 두 주인공은 결국 어떻게 되었을까?
- 나에게 여행이란 무엇인가?
- 지금 당장 떠나고 싶은 상상 속 여행지는?

여행 플러스 +

일 년에 한 번은 놀이공원에서 하루 종일 놀기.
상상 속, 꿈속의 여행을 떠나듯
신나는 모험을 떠나듯
특별한 날이어도 좋고
날씨가 아주 좋은 5월의 어느 날이어도 좋다.
도전하지 못했던 놀이기구를 용기 내어 경험해 보기.

From 혜교

빈 공책을 준비해 보자.
공책에 제목에는 [머나먼 여행]이라고 작성한다.
그리고 떠나고 싶은 여행지를 상상해 보자.
현실 세계가 아니라도 좋다.
그래서 나만의 마법 펜으로 나만의 그림책을 만들어 보자.

From 사랑

아이처럼 아무런 고민과 걱정 없이
놀이를 하며 하루를 보내기.
놀이공원 자유이용권을 사서
하루를 나만의 것으로 온전히 보내 보기.
온몸의 잠자던 감정과 감각들을
신체를 움직이는 활동을 하며 깨워 보기.

From 연금술사

바다 우체부 아저씨

글 미셸 쿠에바스
그림 에린 E. 스테드
번역 이창식
출판사 터치아트
출판년도 2017

"
잊지 못할 사람에게 편지 쓰기
"

그리움의 여행을 위한 준비 👣

푸드테라피　소금 라떼(솔티드 크림 라떼)
컬러테라피　주황 🟠 - 무조건적인 칭찬
여행 스타일　해안도로 드라이브
요가 테라피　마츠야 아사나
함께할 음악　〈밤편지〉 By 아이유
　　　　　　〈London〉 By 백예린

Tip For You

푸드 테라피 food therapy

솔티드 크림 라떼

크림치즈 1스푼, 생크림 약간, 설탕 1스푼,
소금 약간, 우유 200㎖, 얼음, 바닐라 시럽, 에스프레소 샷

❶ 크림치즈 1스푼과, 생크림 약간, 설탕 1스푼과,
소금 약간을 넣고 거품기로 솔티드 크림 만들기.

❷ 컵에 얼음을 채우기.
우유 200㎖를 부은 뒤 바닐라 시럽을 약간 넣고

❸ 에스프레소 1샷을 붓기.
커피 위에 만들어 둔 솔티드 크림을 올려 주고,
소금을 뿌려 주면 완성!

요가 테라피 yoga therapy

마츠야 아사나

Tip For You

물고기 자세

우울감을 완화하는 효과가 있으며

머리가 시원해진다.

물속에서 헤엄치는 물고기의 모습을 상상하며

동작하기.

만병통치의 효과가 있는 자세로 특히 거북목에 효과가 있다.

포토 테라피 photo therapy

여행 가이드가 던지는 질문

- 주인을 찾지 못한 편지의 실제 주인공은 누구였을까?
- 바닷가 파티는 누굴 위한 자리였을까?
- 아저씨의 가슴이 행복으로 가득 찬 이유는 무엇일까?
- 나에게 주어진 소명은 무엇일까?
- 오늘 나에게 행복을 주는 세 가지는?

여행 플러스 +

느린 우체통에 편지를 보내 보아요.
대상은 정하지 않아도 좋아요.
또 다른 바다 우체부 아저씨가
편지를 발견할지도 모르니까요.
혹시나 용기가 생기면 여름밤의 캠프파이어 자리에서
낭독해 보는 건 어떨까요?

From 사랑

자유롭게 흐르는 물속의 물고기처럼
내 마음이 흐르는 대로 바라보기.
감정을 가두어 두지 않고 흘러가는 대로
인정하고 받아들이기.
지금 가장 그리운 사람에게
달콤한 카라멜 마끼아또 한 잔과 함께 편지 쓰기.
부치지 못할 편지라면 병에 넣어 바다에 흘려보내기.

From 혜교

지금 가장 생각나는 사람,
그리운 사람, 사랑하는 사람, 미운 사람
그 사람들에게 엽서 또는 편지 써 보기.
엽서와 편지를 묵혀 뒀다가 6개월, 1년 뒤에 읽어 보기.

From 연금술사

나는 기다립니다

글 다비드 칼리
그림 세르주 블로크
번역 안수연
출판사 문학동네
출판년도 2007

"성장 여행"

성장 여행을 위한 준비 👣

푸드테라피   딸기 요거트 스무디
컬러테라피   분홍 🔴 - 연애를 꿈꾸는 사람들
여행 스타일   나를 찾아 떠나는 추억 여행
요가 테라피   반다 코나 아사나
함께할 음악   〈Happy Together〉 By 박효신
              〈내가 나를 만나는 여행〉 By 이한철

Tip For You

푸드 테라피 food therapy

딸기 요거트 스무디

딸기 500g, 우유 400㎖, 그릭요거트 160g,
딸기잼 2스푼, 얼음 적당량, 꿀(기호에 따라)

❶ 준비한 재료를 꿀을 제외하고 믹서기에 넣어서
모든 재료가 곱게 갈릴 때까지 갈아 주기.

❷ 기호에 따라 마지막에 꿀을 넣어 한 번 더 갈아 주기.

❸ 예쁜 컵에 담기.

요가 테라피 yoga therapy

받다 코나 아사나

나비 자세

177

| Tip For You |

골반을 옆으로 열어 준 모습이
나비가 날개를 펼친 모양과 닮아 있다.
골반과 고관절을 열어 하체 혈액순환에 좋으며,
뻣뻣한 골반이 열리기까지는 많은 인내,
즉 기다림의 시간이 필요하다.

포토 테라피 photo therapy

여행 가이드가 던지는 질문

- 나는 누구를 기다리고 있나?
- 나의 빨간 실은 어디로 향하고 있을까?
- 내가 기다리는 이상형은?
- 가장 오래 기다려 본 기억은?
- '미안해'라는 말을 듣고 싶은 사람은?

여행 플러스 +

여행은
짧은 기간을 한정해서 떠나는 것이기도 하지만
또 다른 여행은
끝나지 않는 터널을 지나는 것처럼
조금은 긴 시간을 묵묵히 걸어 나가야 하기도 한다.
나에게 지금껏 가장 길었던 여정을 떠올려 보기.

From 연금술사

나의 붉은 실은 어디에서 시작되어
어디로 이어질 것인지 상상해 보자.
꼭 가족이 아니어도 좋다. 사물이어도 좋다.
나의 뿌리가 어디에서 어디로 닿고 싶은지 생각하며
기록에 남겨 보도록 하자.

From 사랑

내가 지금 가장 기다리고 있는 것은
무엇인지 다이어리에 적어 보고
왜 간절히 기다리는지 이유를 생각해 보기.
신이 한 가지의 소원을 반드시 이루어 준다면
어떤 소원을 빌 것인지 적어 보기.
삶에서 반드시 한 번은 혼자만의 배낭여행을 떠나서
기다림의 의미가 무엇인지 생각해 보기.

From 혜교

두더지의 소원

글/그림 김상근
출판사 사계절
출판년도 2017

"
언제나 함께하는 마음
"

함께하는 여행을 위한 준비 👣

푸드테라피	호박 빙수
컬러테라피	보라 ● - 신비, 치료의 색
여행 스타일	시티투어 버스 여행
요가 테라피	우티타 하스타 파당구쉬타 아사나
함께할 음악	〈언제나 몇 번이라도〉 By 에이프릴피아노
	〈Snowman〉 By 에이프릴

Tip For You

푸드 테라피 food therapy

호박 빙수

찐 단호박 300g, 우유 200㎖, 메이플 시럽 3큰술

❶ 준비된 재료를 믹서기에 넣고 곱게 갈아 주기.

❷ 곱게 간 단호박 베이스를 통에 넣어 하루 정도 얼리기.

❸ 2번을 꺼내서 빙수메이커 또는 아이스 스쿱으로 긁어서 그릇에 담고, 기호에 따라 메이플 시럽을 적당히 뿌려서 담기.

요가 테라피 yoga therapy

우티타 하스타 파당구쉬타 아사나

서서 발 잡고 펴기

| Tip For You |

허리를 세우고 발끝을 앞으로 뻗은 다음
손가락 고리를 만들고 발끝을 몸 쪽으로 당겨
상반되는 힘으로 균형을 잡아 준다.
자신의 힘으로 스스로 균형을 이룰 수 있지만,
삶의 진정한 밸런스는 타인과 함께해야 가능하다.

포토 테라피 photo therapy

여행 가이드가 던지는 질문

- 지금 가장 그리운 사람은?
- 두더지의 소원은 무엇이었을까?
- 두더지와 눈사람은 다시 만나서 어떤 시간을 보냈을까?
- 내가 지금 함께하고 싶은 사람은?
- 평생 가장 받고 싶은 선물은?

여행 플러스 +

사랑하는 가족과 함께
주말 시티투어 버스 2층에 앉아서
불어오는 바람 맞으며
도심의 아름다움과 분주함 느껴 보기.
가족의 지난 추억을 함께 얘기하기.
폴라로이드 사진으로 기록하고 기억해 두기.

From 혜교

내 마음속에 머물러 있는 사람에게
전화를 걸어 보자.
특별한 일이 없더라도
그냥 오늘 있었던 일상의 하루를
조잘거려 보는 것은 어떨까?

From 사랑

주변의 많은 이들의 도움과 응원으로
나는 존재하고 있었던 것 같다.
오늘부터라도 감사 일기를 써 보기.
포스트잇에 고마운 사람들 이름과
평소 전하지 못한 한마디 써 보기.
포스트잇으로 방 한쪽 벽을 채워서 붙여 보기.
지금의 느낌에 온전히 머물러 보기.

From 연금술사

미움, 소통이 힘들 때

아버지와 딸, 그리울 때

아름다운 실수, 자존감이 떨어졌을 때

너무 울지 말아라, 이별이 힘들 때

알사탕, 혼자라고 느낄 때

그림자의 섬, 죽음이 두려울 때

행복한 버스, 새로운 시작이 두려울 때

가끔씩 나는, 내 마음이 궁금할 때

슬픔을 모으는 셀레스탱, 슬픔으로 가득할 때

언제나 네 곁에, 우쭈쭈가 필요할 때

part 5

어른이를 위한
그림책 처방

미움

소통이 힘들 때

조원희, 만만한책방, 2020년

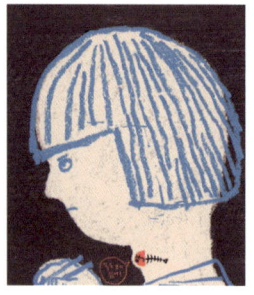

"맛있게 생선을 먹다가
느닷없이 목에 걸린 가시처럼
누군가에 대한 미움은
예상하지 못한
상황에서 찾아온다.
가시가 목 안으로 깊이 박힌 것처럼
미움에 대한 감정이 증폭되어 가는
당신에게 이 책을 처방합니다."

처방전

'가만히 기다리면 미움도 사라질까?'
'누군가를 미워하는 건 이상해.
싫은 사람을 자꾸 떠올리면서 괴로워해.'
'너는 지금 나를 미워하고 있을까?'
'너를 미워하지 않기로 했어.'

그림책 감상 Tip

- 목의 가시처럼 미운 사람이 있는지 떠올려 보기
- 미움이 가시처럼 박혀 있는 표지에 집중해서 보기

아버지와 딸
미카엘 두독 데 비트, 김미리 역, 이숲, 2013년

그리울 때

"그리움은 사랑의 대상이 있어야
가능한 일이다.
그리움이 짙다는 것은
사랑하는 사람에 대한
사랑의 크기도 크다는 것이다.
그리움이 밀물처럼 밀려오는
당신에게 이 책을 처방합니다."

처방전

영상 3분 02초 : 소녀가 나무를 넘지 못하고 돌아가다.

영상 4분 10초 : 친구들의 응원에 나무를 지나가다.

영상 8분 : 할머니가 된 소녀가 젊어지면서 아버지와 재회하다.

그림책 감상 Tip

- 수묵화 느낌의 풍경, 이바노비치 작곡의
  〈도나우강의 푸른 물결〉 노래와 함께 감상하기
- 아버지에 대한 그리운 마음을 느끼며 영상으로 보기

아름다운 실수

코리나 루켄, 김세실 역, 나는별, 2018년

자존감이 떨어졌을 때

"누구나 살아가면서 실수를 하고
그 실수가 때로는 우리의 자존감에
상처를 주기도 한다.
하지만 실수에 대한 생각을 바꿔 보면
인생을 바라보는 눈이
달라질 수 있다.
잦은 실수로 자존감이 낮아진
당신에게 이 책을 처방합니다."

처방전

'실수는 시작이기도 해요.'
'실수해도 괜찮아. 중요한 건 그다음부터야.'
'이것도 괜찮네요.'
'이 생각은 실수가 아니에요.'

그림책 감상 Tip

- 글밥이 적어서 감상에 부담이 없음
- 그리기를 두려워하는 사람들도 공감할 수 있음
- 실수를 두려워하는 사람들이 보면 도움이 됨

너무 울지 말아라

이별이 힘들 때

우치다 린타로 글, 다카스 가즈미 그림, 유문조 역, 한림출판사, 2012년

"이별 상실을
경험하게 될 손자에게
할아버지가 전하는
따뜻하고도 애정이 듬뿍 담긴 이야기.
상처 깊은 이별을 경험한
당신에게 이 책을 처방합니다."

처방전

"자연스럽게 잊혀지겠지…."
"그러다 어느 날 문득 생각이 나겠지…."
"죽은 사람은 살아 있는 사람의 행복을 기원한단다."
"내가 좋아하는 너는 웃고 있는 너란다!"

그림책 감상 Tip

- 글과 그림의 조화로 느껴지는 아름다운 감성과 분위기
- 할아버지와 손자의 뒷모습 실루엣으로 서로의 감정 추측하기

알사탕

백희나, 책읽는곰, 2017년

혼자라고 느낄 때

"호기심 어린 눈으로 알사탕을 바라보는 주인공처럼 나의 마음과 내 주변 사람들의 마음을 들여다보면서 혼자라고만 생각했던 시간들 속에서 혼자가 아니었던, 그리고 혼자가 아닌 나를 찾고 싶은 당신에게 이 책을 추천합니다."

처방전

"사랑해" / "나도…."
"네가 전부터 오해하는 게 하나 있는데 말이지, 난 네가 싫은 게 아니야."
"그래서 내가 먼저 말해 버리기로 했다."
"나랑 같이 놀래?"

그림책 감상 Tip

- 다양한 색상의 알사탕을 준비해서 하나씩 먹으며 동동이처럼 나의 속마음을 조용히 들여다보기

그림자의 섬
죽음이 두려울 때

다비드 칼리 글, 클라우디아 팔마루치 그림, 이현경 역, 웅진주니어, 2021년

"인간이라면 누구나 한 번쯤은
'만약 내가 죽어서 아무것도 없는
무無의 존재로 돌아간다면
과연 어떤 기분이 들까'를 생각한다.
조금씩 시간이 지나 영원히 사라져 버린다면
영혼은 어디로 갈까?
존재감이 없어지는 것이 두려운
당신에게 이 책을 처방합니다."

처방전

"어느 이름 없는 숲속에 '꿈의 그늘'이라는 곳이 있습니다.
'소원의 늪'과 '잃어버린 시간의 폭포' 사이에 자리 잡고 있죠."
"누구나 자주 꾸는 악몽이 있답니다."

그림책 감상 Tip

- 모든 동물 가운데 인간은 멸종될 위험이 가장 큰 동물이다.
  우리는 판다와 바다표범을 걱정하지만,
  판다와 바다표범은 우리를 보호해 줄 생각을 하지 않으니깐.
  오히려 핵무기, 농약, 고엽제, 석유, 휴가철 별장들과 함께
  우리가 영원히 사라져 주길 간절히 바라고 있다.

  – 스테파노 벤니(철학자·시인·작가), 《그림자의 섬》 중에서

행복한 버스

새로운 시작이 두려울 때

우리아 글, 이여희 그림, 머스트비, 2018년

"내가 닿은 지금 이 길이 나의 삶이 끝나는 종착역이 아니다. 나답지 않다고 말해도 상관없다. 새로운 나로 거듭날 준비가 된 당신에게 이 책을 처방합니다."

처방전

"내가 여기서의 역할이 끝나고 나면 어디로 가지….'
"나는 나의 역할로만 인정을 받는 걸까….'
"나의 쓰임이 예상치 못한 어딘가에서 다시 발견된다면….'
"나는 또다시 달린다.'

그림책 감상 Tip

- 우리에게 익숙한 도시로부터 출발해서 낯선 곳에서 다시 만나는 감성적 이야기에 집중해서 보기
- 나에게 익숙한 것들과 내가 시도할 수 있는 낯설지만 새로운 것들을 알아보기
- 내 주변을 익숙한 도구(연필, 펜, 색연필 등)로 스케치해 보기

가끔씩 나는

조미자, 핑거, 2020년

내 마음이 궁금할 때

"일상에 잠식되어
내 마음도 모른 채 살아가는 당신.
어느 날 문득,
나의 마음이 어디를 향해 가는지 모를 때
멈추고 싶은지, 나아가고 싶은지
자신의 마음 방향을 들여다보고 싶은
당신에게 이 책을 처방합니다."

처방전

"가끔씩 나는 가만히 서 있어."
"꽁꽁 숨어 버리고 싶은 날이 있어."
"작은 방 안 가득, 멈춰 있는 내 마음들이 보여."
"움직이지 않는 나, 움직이지 않는 세상."

그림책 감상 Tip

- 어떤 기계 소리(텔레비전, 음악 등)도 없는 고요의 공간에서 나의 마음이 지금 가장 원하는 것이 무엇인지 들여다보기

슬픔을 모으는 셀레스탱   슬픔으로 가득할 때

실비 푸알르베 글, 마얄렝 구스트 그림, 조정훈 역, 키즈엠, 2012년

"가끔씩 비워 내야 하는 감정이
내 안에 너무도 많아서
지치고 힘들어지곤 한다.
감정의 미니멀리즘을 실천해
나의 삶에 또다시 다양한
새로운 감정들로 채우고 싶은
당신에게 이 책을 처방합니다."

처방전

"작은 걱정, 시시한 문제, 커다란 상처,
아주 큰 슬픔을 모으려고요."
"펑펑 울어 버리고 말았어요."
"집 안 가득 쌓인 슬픔 꾸러미들 때문에
눈물이 멈추지 않아."

그림책 감상 Tip

- 셀레스탱의 슬픔 꾸러미에 나의 슬픔과 괴로움이 있다면 어떤 것들이 담겨 있을지 생각하며 감상해 보기
- 깨끗이 널어서 말린다면 슬픔은 어떤 형태가 되어 날아갈 수 있을지 상상해 보기

언제나 네 곁에

루리, 북극곰, 2020

우쭈쭈가 필요할 때

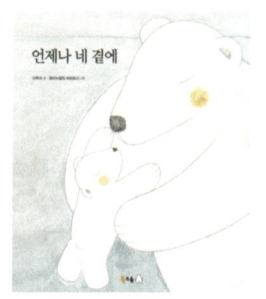

"살면서 내 편이 없다고 느낀 적이 누구나 한 번쯤은 있을 것이다. 또한 내 편이라고 생각된 대상이 나에게 힘이 되어 주지 못한다고 느낄 때가 있다. 하지만 내 편이 아무도 없다고 느끼는 당신에게, 나만의 우쭈쭈 대상이 있다는 것을 모르는 당신에게 이 책을 처방합니다."

처방전

"엄마는 거짓말쟁이예요."
"내 곁을 떠났으니까요."
"이제부터 나는 완전히 혼자예요."
"엄마는 영원히 네 곁에 있을 거야."
"엄마는 언제나 내 곁에 있어요."

그림책 감상 Tip

- 죽음으로 영혼이 된 엄마가, 아기 곰에게는 보이지 않지만 언제나 곁에 있음을 보여 주는 그림에 집중하기
- 내가 모르는 응원의 대상이 누가 있을까 생각하며 감상해 보기

epilogue

나의
케렌시아를
찾아 떠난
여행에서
돌아오다

고혜림 작가의 말

그림책에 관한 이야기가 하나의 유행처럼 번져 나가고 있다. 작은 도서관들이 그림책을 테마로 문을 열고, 그림책을 통한 독서 치료 과정들이 여기저기 쏟아지고 있다. 지자체의 큰 도서관들에서도 독서 치료를 기반으로 한 강좌가 예전보다 눈에 띄게 많이 개설되었고 참여자들의 반응도 굉장히 좋은 편이다. 내가 경험해 봐서 좋았고, 내 주변 사람들과 함께 경험해 봐서 좋았고, 그래서 이 좋은 걸 더 많은 사람들과 나누고 함께 경험하고 싶다는 기대를 하게 되었다. 시작하기 전에는 과한 욕심을 내지 말자고 다짐하며 또 한편으로는 처음의 기대가 커져서 되도록 많은 이들에게 닿길 바랐던 것 같다.

아이를 키워 오면서, 그리고 그보다 더 큰 학생들과 성인들을 만나 오면서 사람의 마음에 닿기가 가장 힘들다고 여겼던 순간과 그리고 또 그 마음이 서로 닿아 힘듦과 아픔과 슬픔을 함께 나누고, 기쁨과 즐거움과 감사함을 함께 나누었던 시간들을 공유하고 싶었다.

사실 사람의 마음에 닿는 '길'이 있다면 그 길을 찾아서 바로 그 누군가에게 말을 건네고 싶다. 진정으로 '길'이 있다면 말이다. 하지만 마음은 그 자신조차도 몰라서 혹은 빙하 속에 꽁꽁 얼려져 실제 내가 마음이라고 믿는 것보다 더 구석에 꽁꽁 숨겨져 있을지도 모른다. 자신도 모르는 것을 함께 찾아 나서고, 어쩌면 그것을 꺼내어 다시 돌아볼 용기가 조금 부족했을지 모르는 순간 힘이 되는 사람들과 함께 마음을 나눠 본다는 것. 무거운 마음이 조금이나마 가벼워지는 순간들을 함께한 사람들의 더 밝아진 얼굴을 서로 마주 보는 즐거움을 알리고 싶었다.

세상에 나와 있는 수많은 책과 선현들의 말씀들 속에서 우리는 지혜를 찾을 수 있을 것이라고 알고 있고 믿는다. 하지만 바빠진 지금의 세상은, 특히 한국과 같이 다이내믹하고 시시때때로 변화하는 곳에서 살아가는 우리에게는 조용히 잠시 머물러 책을 손에 쥔다는 것마저 사치스럽게 느껴질 때가 많다는 것이 문제일지도 모른다. 책을 잠시 손에 쥘 수 있다는 것이 사치라면 사치일 수도 있지만, 지금까지 힘겹게 삶의 무게를 버텨 나가고 있는 나 자신에게 그 정도의 사치와 여유는 줘도 되지 않을까.

그림책을 치유적 의미로 접근하는 책들이 많이 나오는데도 이 책을 보태고자 했던 것은, 아마도 이 책을 시작으로 사람들에게 보다 가까이 다가가 보려는 나 스스로의 다짐도 있었던 것 같다. 이 책에서는 독서치료와 미술치료를 종합적으로 다루면서도 '여행'이라는 테마에 맞추었다. 지금 우리에게 가장 필요한 것은 쉼, 휴식, 마음으로나마 떠날 수 있는 여행과 같은 것이 가장 소중하고 시급하다고 생각했다.

숨차게 달려와 어른이 된 지금, 아직은 어른이 되고 싶지 않은 '어른이'들과 함께 삶의 중간역에서 이야기를 나누고 싶다. 우리가 달려 나갈 종착역이 서로 다른 방향이라 하더라도 지금 이 순간 함께 만나 이야기를 나눈다면 그 과정이 고되고 힘들지만은 않을 것이라 기대한다.

책을 집필하면서 공동 저자로 참여한 서성희 선생님(혜교), 임다솜 선생님(사랑)과도 함께한 과정에서 경험한 또 다른 귀중한 이야기들이 남아 있다. 이 책을 통해 사람들과 나누고 앞으로 어떤 방향으로 좀 더 많은 이들과 공유할 수 있을지 하는 부분들에 대한 것이다. 책을 시작으로 더 좋은 인연들을 만날 수 있을 것 같다는 설렘이 마음을 들뜨게 한다. 어쩌면 함께 여행을 떠날 사람들일지도 모르기 때문이다.

서성희 작가의 말

　　마음 깊이 숨겨 둔 나만의 이야기를 닮은 그림책, 아름답고 깊은 울림을 전달하는 그림책을 만난다는 것은 인생의 큰 행운이라고 생각한다. 듣고 싶은 내 마음속의 언어, 지나간 시간 속의 아름다운 사랑 이야기, 진심 어린 위로의 말, 상처를 어루만져 주는 그림. 이 모든 것들이 한 권의 그림책이 담고 있다면 책장을 한 장 한 장 넘겨보는 것만으로도 위로받고 감동받으며 내 삶이 조금은 편안해지고 지금보다는 더 빛날 것이다.

　　당신의 삶을 한 뼘 더 빛나게 할 그림책을 정말 많은 고민 끝에 선정하여 이 책에 담았다. 부디 삶에서 평생 함께하고 싶고 또한 사랑하는 사람과 함께 속삭이고 싶은 그림책을 꼭 만나길 바란다. 여기에 소개된 책들이면 더할 나위 없이 좋을 것이고 그렇지 않더라도 분명 조금만 관심을 가지고 찾아본다면 인생 그림책을 만날 수 있을 것이다.

　　인생 그림책은 어느 날 갑자기 예고도 없이 찾아온다. 나의 첫 인생 그림책은 《가시소년》이다. 삶의 관점을 바꿔 주고 나의 고민에 대한 명쾌한 해법까지 전해 준 그림책. 그리고 동시에 나에게 큰 깨달음과 상처까지 치유해 준 그림책이다. 어느 날 갑자기 나에게 와서는 나를 한 뼘 더 자라게 하고 함께하는 아이들에게 위로를 주었다. 아직도 《가시소년》의 해맑은 웃음을 보면 내가 걸어가고 있는 걸음에 용기와 희망이 더해진다.

하루 종일 불편한 만남과 감당하기 힘든 일들에 지쳐 있는 자신의 영혼과 상처투성이인 마음을 누군가가 조용히 다가와 어루만져 준다면 얼마나 좋을까? 조용히 당신의 이야기를 들어 주고 고개를 끄덕여 주는 사람이 매일 함께해 준다면 힘들고 지친 마음이 따뜻한 위안으로 보상받는 느낌이 들 것이다. 언제나 치열하게 최선을 다해서 살아가는 당신은 매일 위로받아 마땅하다. 하루하루 잘 살아 내어 주는 당신을 스스로 위로해 줘야 한다.

자신을 위한 위로는 어렵고 복잡한 일이 아니어야 하고 매일 당연한 일이 되어야 한다. 지금 바로 부드러운 끄덕임으로 당신을 위로해 보자. 책상 위에 또는 침대 가까이에 당신을 위로해 주는 그림책 한 권이 있다면 그것만으로도 충분한 위로를 받을 수 있다. 결코 어렵지도 힘들지도 않지만 이 작은 삶의 변화와 위로가 당신의 내일을 오늘보다 한 걸음 더 행복하게 할 것이다.

긴 하루의 여정에서 지친 발걸음으로 집으로 돌아왔을 때, 먼지를 털어 내고 가끔 이 책을 읽어 주면 좋겠다. 수많은 그림책을 통해 어떤 밤이 지나 마음의 상처들이 부디 조금씩 아물어 가길 바란다. 작은 위로가 쌓여 내 삶이 아름다워지고 자신이 소중한 존재라는 것을 알아 가길 바란다. 그림책의 따뜻한 위로를 통해 당신 삶의 많은 부분들이 전부 자신의 책임이 아니라는 것을 알길 바란다.

일상에 지쳐 있는 당신이 그림책이 주는 잔잔한 위로와 삶의 희망을 찾아보길 바란다. '넌 잘하고 있고 앞으로도 잘할 거야. 지금 힘든 이야기 모두 나에게 하렴. 내가 조용히 들어 줄게. 그리고 너의 어깨를 토닥토닥 해 줄게. 걱정 마. 잘하고 있어. 정말 잘하고 있어.'라고 얘기해 주는 인생 그림책을 꼭 만나 보길 바란다.

임다솜 작가의 말

햇살이 뜨겁게 느껴지는 여름날 창가에서 마무리를 시작해 본다. 어쩐지 먹먹하기도 하고, 또 헛헛하기도 하고 한편으로는 쑥스럽기도 하다. 케렌시아, 나만의 안식처. 그런 나의 케렌시아를 누군가에게 공개한다는 건, 그냥 흔히 주변인들에게 맛집을 알려 주거나, 나만의 소중한 공간을 알려 주는 것과는 별개의 문제인 듯하다. 사실 그런 장르들을 주변 사람들에게 공개할 때에는 단순히 사소한 취향의 문제였다면, 이렇게 나만의 케렌시아를 알려 주는 것은 조금은 더 개인적이고, 더 깊이 들어가 있는 어쩌면 나의 가치관을 전부 드러낸 것이랄까?

그렇지만 그럼에도 불구하고 이 책을 마음먹고 썼던 이유는 처음에 책 작업을 시작했을 때의 마음가짐과 비슷하다. 나만이 알고 있다면 슬쩍 가서 누군가에게 알려 주고 싶고, 좋은 건 함께 나누고 싶은 그 마음 때문이었다.

그래서일까? 누군가에게 꼭 무작정 이 책을 읽어 달라고 권하고 싶지는 않다. 그냥 일상이 힘들 때 또는 일상에 지쳐 휴식이 필요할 때 가볍게 곁에 두고, 눈을 감고 지긋하게 느껴 보면 좋을 터이다. 혹은 와인이나, 음료나, 차를 한 잔 곁에 두고서 따라 마시며 이 책을 감상하다가 같은 느낌이 들거나, 혹은 다른 감정이 올라올 때면 가만히 책을 덮어 두고서 다른 데 시선을 돌려도 좋다. 온전히 그 마음에 집중하는 것이다. 그것이 어쩌면 당신의 케렌시아가 될지도 모르겠다.

그 마음 가득 담아 정리를 시작한 첫 작업이다. 아직은 그 마음을 온전히 담아내기에 어설프고, 미약해 보일지 몰라도 그림책 강사로서, 그림책 치료사로서, 사회에 도약하는 사회 초년생의 마음으로, 조금씩 펼쳐 나가야겠다는 나의 포부가 담긴 책이기도 하다.

특히나 이 책을 작업하는 일 년 동안 나만의 케렌시아를 하나 더 가지게 되었다. 처음 책 작업을 시작하게 된 푸릇한 봄을 지나, 집필에 고민하던 여름의 시간을 지나왔고, 고민에 고민을 더 하던 가을, 재도약을 준비하던 겨울의 시기를 지나서 이제는 이 책이 새롭게 태어날 또 다른 봄을 기다리고 있다.

어떤 형태로든, 이렇듯 책을 가까이하는 것은 우리 삶을 조금 더 다채롭게 살아가고, 삶의 모습을 이해하는 데 도움이 된다. 사실 그중에서도 어쩌면 가장 빠른 매개물이 될 수 있는 그림책! 그래서 지금보다 더 많은 사람들이 그림책을 곁에 두고, 좋은 그림책을 알아 가고, 그것을 또 다른 사람에게 공유하고, 그런 선순환이 되는 과정들 속에서 모두가 그림책의 매력에 물들고, 자신만의 케렌시아를 찾았으면 하는 작은 바람뿐이다.

그 빛난 시작에 이 책이 자그마한 보탬이 되었으면 더할 나위가 없겠다.